商周出版

求職聖經

楊士漢——著

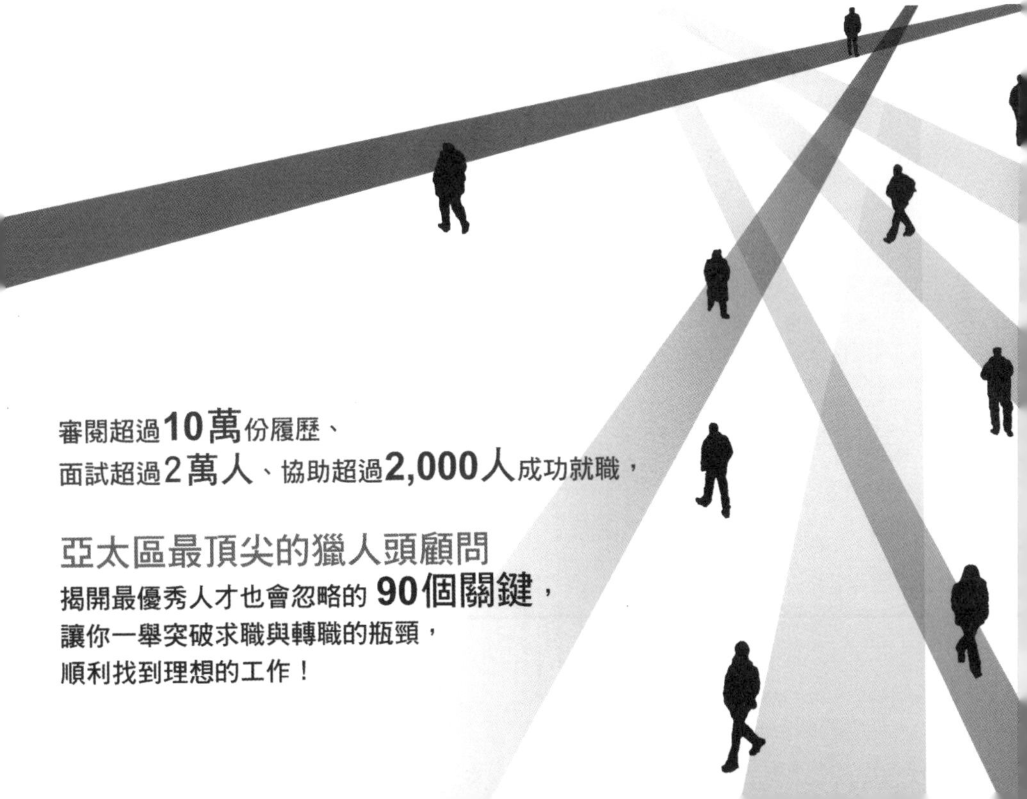

審閱超過**10萬**份履歷、
面試超過**2萬人**、協助超過**2,000人**成功就職，

亞太區最頂尖的獵人頭顧問
揭開最優秀人才也會忽略的 **90個關鍵**，
讓你一舉突破求職與轉職的瓶頸，
順利找到理想的工作！

推薦序

成為職場勝利組的最佳指引

陶韻智

進入職場至今，經歷過幾次主要的轉職，也見過不同的順境與逆境，在不同的人生階段，對工作都有不同層次的體會。其中，最困難且重要的是，找到「好」工作真的很不容易。在我看來，若總是能在「適合」、「喜歡」，且「會讓自己充滿熱情」，「早上起床後想趕快去上班」的環境中工作，就可說這人是人生勝利組了。

在過去十四年的工作期間，我經歷了三間大型公司的工作，以及三次創業。這中間的職場與工作轉換，一路走來，跌跌撞撞。其中細節，回想起來彷如昨日。

我第一份工作在很不錯的外商電腦公司，表現得算是挺不錯，曾經很早就獲得公司的認可與獎項，躊躇滿志。做了六年，因為還是想做網路業，參與改變世界的機會，但由於背景不是網路業，無法得到好的網路公司工作機會。因而選擇自行創業，做了個網站。

創業期間的辛苦不說，我的收入變成負數，還缺這缺那，終究一事無成，以創業不成功收場。好友擔心我，主動想提供工作機會給我，擔心我「誤入歧途」，要我乖乖地回到擅長的圈子來，做我習慣能做的事。

不過，創業期間累積的實務讓我換到了很好的履歷，在韓國最大網路公司Naver第一次在台灣開設分公司時，幫助我成功地通過面試，成為第一號員工。而Naver正是五年後才崛起的LINE的母公司。

職場生涯的每一個階段，都在寫履歷。每往前一步，都需要對過去的行為負責。而每一步，也都可以視為是為了下一次能進到自己想工作的環境在「面試」。一路走到現在，因為都和我想要參與改變世界的想法緊密結合，即使辛苦，面對各種工作形態，與中間的各種轉換，十多年來，每天都很愉快。

讓自己成為「職場」的勝利組，「求職」的方法與心態很重要，但這需要持續學習，不是一項容易傳授的技術。

本書透過近百則來自作者累積的實務，不藏私地分享出來，都是立即可用的實例與忠告，能快速地讓有心在「求職」這件事上進步的人吸收。

作者從平時就該累積求職能量談起，透過問題提醒求職者瞭解自己、確立目標，進而談到履歷與面試的相關準備。本書對於年輕人求職，乃至資深人士拿來檢驗自己的工作態度，都是本不可多得的好書。每個建議都不超過兩頁，讀起來更是特別容易吸收。

現在因為工作的關係，每天都有機會閱讀許多履歷，也得面試許多求職者。普遍來說，應徵者或多或少都有目標不明確、履歷不清楚、自我評價不清晰、不知道企業到底要什麼等問題，其中甚至不乏擁有優秀學經歷的人選，實在可惜。

我認為，求職是雙向的溝通，是個互相認識，瞭解是否有機會合作以創造價值的過程。若因為準備不周，或目標不明確，以致不能將您的價值清楚地告訴企業，而讓企業沒有僱用到正確的員工，也是企業的損失。

透過本書，希望讀者都有機會加強求職的技術與修為，有機會獲得自己真正想要且適合的工作。對於企業來說，也更容易找到需要的人才。

（本文作者為LINE台灣區副總經理）

目錄

PART 2 求職前要先確定自己要什麼？適合什麼？ 049

PART 3 求職的成敗，取決於你的品行與人生態度 075

PART 4 決定應徵前，先評估企業與職缺是否真的適合 105

PART 5
投一百份履歷，不如寫一份無懈可擊的履歷　131

PART 6
靠別人找工作，有時反而形成阻礙 205

PART 7
寄出履歷時，更要小心注意每個環節 223

PART 8

掌握這些，面試一次就達陣 271

前言

《求職聖經》的作者照常理來說，應該是一個在職場上無往不利的「人生勝利組」才對。事實上，我的職涯經歷曾經有過層層關卡，但也正是因為順利度過這些考驗，才讓我的人生不斷有新的體驗與驚喜。

我勇於追求夢想，把握每次機會讓自己得到新的經歷，同時往自己的職涯目標與興趣邁進。在澳洲、新加坡、香港、中國、台灣等地生活與工作多年，從一個公司的小職員到成為跨國上市企業的高階經理人，從財務跨界到人力資源領域，就是不想讓自己的人生，平凡無奇地度過而留下遺憾。

在職場奮鬥的過程中，我不斷思考自己的定位，並尋求新的機會，曾經多次懷疑過自己的想法是否正確；也曾跟其他求職者一樣，不解履歷寄出後為何沒有消息。但在成為企業人資主管，及參與獵人頭這個行業、面試成千上萬個人後，我的求職疑惑逐一明朗，更發現許多問題的答案竟是如此簡單。

我在世界各地，與不同層級、產業、專業領域的人諮詢過程中，發現許多共通的問題點。絕大部分人的求職問題，其實一點都不複雜也不難解決，問題就在於幾乎每個人都只會從自己的角度，審視自己求職的做法而產生盲點。更進一步來說，就是他們只想著自己要哪個職缺，但沒有想過企業要哪種人才。

每當閱讀報紙或是看到電視新聞，三不五時就會出現有人寄了上百封履歷，卻找不到工作的報導。有人出來面對媒體表達對就業市場的失望，我雖感到同情，但也注意到一件事，那就是每個求職不順的人，大都只把因素歸咎於他人、歸咎於企業、歸咎於整體經濟環境，確實是這樣的嗎？

寄了上百封履歷都沒有回音，到底是發生了什麼事？我不禁對此充滿了疑問，畢竟我向來深信每個人只要有心，都絕對找得到工作，只是要或不要而已。所以我曾經主動聯絡一些人，協助他們成功就業，這也證明了「事在人為」，問題與答案事實上都在我們自己身上，只是你是否有勇氣與意願發掘出這個問題而已。

求職教戰網站與職場專家部落格真的很多，更不乏履歷撰寫、面試技巧、求職趨勢、職場生存、職場升遷等書，但許多「專家」總是把時間花在想一些職場新名詞，在報章雜誌或是電視媒體上談一些膚淺的求職技巧，乘機打自家公司的廣告，卻沒有任何人講到問題的核心，讓觀眾或讀者得到一針見血的建議。

當一般上班族連找一份適合自己的工作都有問題了，談什麼職場升遷？當大學畢業生連面試機會都沒有半個了，談什麼職場生存？人力銀行業者與職場專家侃侃而談一些就業數據與求職技巧，最後來個草率的結論：「建議大家積極投遞履歷，增加自己的能見度」，像這樣的發言與建議有何用處？

我遇過許多認真的求職者，他們為了想要在職涯上成長，去聽過無數次的求職講座，到處認識獵人頭顧問，求教了許多業界的主管與前輩，但所得到的建議大都只是隔靴搔癢，至今仍不知道到底自己的問題在哪裡。

在求職市場上，不是沒有真的人力資源專家，但企業人資討論的往往是企業的需求，獵人頭顧問亦然，卻沒有半個人願意花時間探索並解決另一方，也就是求職者個人的需求與問題。

所以你可能時常在納悶，到底我跟其他人差在哪裡？最清楚實情的企業人資，不可能花時間告訴每個履歷投遞者，他們為什麼被拒絕；同樣地，忙著跟企業打交道的獵人頭公司，往往也無法跟每位求職者解釋他們有哪些問題。

我平常的工作就是跟求職者分享這方面的資訊，所以這本書所提供的，就是你過往可能忽略掉的求職細節。我希望透過這本書，讓你瞭解到自己到底犯了哪些從沒預料到的錯誤，並要如何去改進。

坊間也有許多求職的書，可是內容都太著重在求職的某一個環節，比如要怎樣寫好履歷，然後提供履歷範例；如何去面試，然後提供得體的回答等，這些書都沒有告訴你，為何有些人求職總是無往不利，有些人求職總是到處碰壁。

我從一位等待企業垂青的求職者，成為掌管過企業人力資源的高階主管，後來又從事為企業尋才的獵人頭顧問，及為個人解決求職上疑難雜症的職涯顧問，到現在當一位雇主，所以能夠以求職者、求才企業、職涯顧問、獵人頭顧問與企業主的角度，來幫求職者把脈，告訴你求職過程中所有忽略掉的問題。

這本書不談職涯規劃，不談職場生存，只有討論「如何成功求職」這項課題。從想求職平時就該要做的準備，到得到企業的錄取通知，每個階段有哪些求職者共通的盲點與錯誤，要如何去處理及改變，內容也包括簡單的小故事，希望能夠讓你得到啟發。讀完這本書後，你將發現求職並沒有想像中困難，也一定會很驚訝，原來自己可能認為是芝麻蒜皮的小事，竟是企業所在乎看重的大事。

我將會毫不掩飾，一針見血地以多方角度提供給你最真摯的求職諫言，希望讓每個有心求職的人都能夠有所斬獲。只要你在某個求職環節遭遇困難，就請翻開這本書，查找你所面對的關卡，檢視自己的問題並重新出發。我祝福你，也深信只要融會貫通這本書裡所說的每句話，就一定會找到心目中理想的工作！

PART 1

平時就該累積的求職能量

01

以下一份工作為標竿，提升自己的職務經驗

定期檢視自己的職務範疇，向公司積極爭取更多的貢獻機會，藉此累積比他人更多的職務經歷與成績，讓自己的條件符合下一階段求職目標的要求。

在同樣的產業中，每家企業的營運規模都會有所不同，人員編制也不太一樣，職務範疇當然也會有一些差異。如果你是個有心的求職者，在準備跳槽前一定要先初步瞭解：你的目標企業與相關的職位，所需具備的條件與能力有哪些。

比如說，在跨國公司任職的「經理」，可能一次需要帶領數十人的團隊；而在同個產業中規模較小的國內公司，「經理」可能就只需要帶領幾個人而已。很明顯，以這樣的統籌領導經驗來說，兩家公司的經理一定會有所差距。

所以，如果你投遞履歷給企業，應徵某個主管職位，而目前該主管職位需要帶領十人以上的團隊，但你最多只有帶領過五人團隊的經驗。那對於企業來說，你就絕對不會是名單上的第一人選，頂多只能列在候補名單上。

為了避免這樣令人失望的情形發生，你平時就要經常檢視自己的職務狀況，以及職位發展進度，這是一個預備求職前不可不做的持續性工作。千萬別等到想要開始求職時，才發現自己目前的職務，原來與預備應徵的職缺相比，兩者之間有著明顯的差距。

有一個產品企劃主管，他帶領著一個五人小組，負責為國內一家公司規劃最新的產品。他在工作上盡心盡力，六年多來已經為公司推出了三代的新產品。

後來，他想要到跨國大廠增加歷練，讓自己更具國際觀，所以將履歷寫好後，便寄出應徵多家大廠的職位，卻都沒有任何消息。雖然他知道自己還有許多不足的地方，但不確定被拒絕的原因是什麼，所以向我們尋求專業建議。

由於他應徵的企業剛好是我們的客戶，而他所想要的工作，都需要帶領超過十人以上的團隊，且需具備與外國客戶交流的能力。所以我們建議他，暫緩應徵新的工作，而是再多給自己一年的時間，培養自己所欠缺的能力。

於是他主動向公司請纓，為公司開發國外的大客戶，讓他有機會與外國人交流，並擔任專案領導人，使得他有機會同時帶領超過十多個工程師。花了一年努力提升自己後，他再次申請一家國際大廠的職位，這次就順利得到這份工作。

當然你可能會覺得，一般企業的職務要求，外人往往無法得知。但只要充分利用身邊的管道，比如詢問獵人頭公司，或是向業界友人徵詢，一定都能夠對特定的企業與職務狀況有一些瞭解。

因此，求職前一定要做好功課，才能評估自己目前是否已經具備足夠的條件，來應徵心儀的工作。想要成功地錄取下一份工作，平時就要以下一份職缺的要求作為標竿，並儲備自己的經驗。這樣要投遞履歷時，你才有機會與他人競爭。

02

—

透過更新履歷，掌握自己的專業是否成長

不能等到有求職需要時，才開始著手撰寫履歷，平時就應該透過定期的履歷更新，檢視自己是否有所成長，那麼等到有合適工作機會時，才能夠在第一時間掌握。

每個人都知道找工作時，需要一份好的履歷來推銷自己，但卻只有需要它時，才會想到要把它準備好。履歷不應該只是一份用來求職的文件，它的功能與意義遠大於此：履歷，是一份用來檢視自己是否有持續進步的文件。

每個人都應該定期回顧某一段時間（例如每季或每半年），在工作上新增的職務與成就，並記錄在履歷中。養成定期更新履歷的習慣，在想要求職的時候就能立即派上用場，更可以從中檢視自己是否持續成長。

而你成長的幅度，往往取決於你所設的目標。目標不應該只是公司交代你近期內要完成的工作，而是你自己所設的下一個願景。你想要在求職市場上證明你不同凡響，那你就要比公司的要求做得更多、更傑出。

你可以為你的目標確實地規劃時間，檢視自己的進度，徵詢「職場導師」的意見（比如說你的上司、所處產業的專家與職涯顧問），協助你找到計畫中的盲點，進而改善實踐方向，同時瞭解產業中公開與潛在的原則，來達成你的目標。

在過程中要不斷回顧你所完成的績效，比如每一季做一次審核，看看自己過去三個月的成果，並確保跟著進度走。只要順利達成，不要忘了給自己一些實質的獎勵，比如安排一個小旅行，讓你更有動力，繼續往目標終點前進。

有個求職者在職場上發展順利，每當想要轉換跑道時，總是能不費吹灰之力地找到新工作，而且都是知名企業。對其他人而言，他在職場上算是不折不扣的人生勝利組，但他卻不這樣認為。

他覺得自己找工作確實不是問題，但問題就在於就算跳槽到另一家大公司，所做的工作職務，尤其是位階卻都沒有變化，讓他感到意興闌珊，覺得自己在職涯上一直沒有實質的突破。

於是他來找我們討論，我建議他不用急，而要好好地利用半年時間，定期檢視自己的履歷是否有新的變化。半年過去後，他發現自己雖然想要依照我的建議，定期新增工作上的成績，卻發現自己並沒有特殊的實質表現可以提供。

後來，我們一起討論他過去的工作表現，他也從中發現自己在工作中容易自滿，自認為聰明、能力佳，可以輕易完成公司交代的任務，完成後也沒有再進一步給自己設定更嚴格的目標，所以就算他能力過人，最終的成就並沒有多於他人。這也解釋了為什麼他無法在職務上有所突破，無法得到更高階的職位。

因此，希望你平時能夠定期評估自身的表現，並確保自己在工作上完成的比公司要求的更多，並隨時更新自己的履歷，一旦要應徵工作時，你才會是那個突出的人選。

03

積極經營社交網站，營造專業形象

在社交網站上建立完整的個人檔案，營造專業的形象，並定期與目標企業與產業人士交流互動，增加曝光度後，許多工作機會就會自動上門。

目前多數人都習慣將臉書（Facebook）用於平時私人消遣，而將LinkedIn用在商務交流。事實上，正確地使用臉書，同樣也能得到許多工作消息。如果你到有興趣加入的企業粉絲專頁按「讚」，這樣就可以收到企業的最新訊息，尤其現在有許多企業都會在粉絲專頁上張貼工作職缺的消息。

此外，要提升自己在臉書上的能見度，就該檢查你的隱私設定，確定其他人是否能夠看得到你的個人專頁。尤其一定要將學歷、工作經歷與專業技能填寫完整，隨時更新並設定為公開，這樣才能讓搜尋到你的企業看到這部分的資料。

在職場工作多年的許多專業人士，應該都早已使用過LinkedIn，但絕大多數的人，幾乎都只停滯在基本的個人檔案建立，之後就算增加了一些人脈，也沒有積極地運用平台的功能。

其實，企業透過一般人力銀行網站招募到合適人才的比率並不高，反而是利用LinkedIn這樣的社交網站平台招募員工的比率逐年上升，尤其是中高階以上的管理職位。所以，你想要在LinkedIn上得到青睞，就一定要填寫完整詳細的工作經歷，這就是間接暗示你歡迎有興趣的企業來接觸，也往往會增加被挖角的機率；如果你想要主動出擊，也可以多上「工作布告欄」搜尋你有興趣的職缺資訊。

除了隨時要尋找你有興趣的人建立人脈外，不要忘了在你的人際關係網多加分享文章，這也會讓你得到更多推薦人為你背書（Endorsement），提升你個人頁面的豐富度與專業形象。

獵人頭公司也經常使用LinkedIn作為搜尋人才的管道，利用「關鍵字」來搜尋心目中的理想人才，而且也會透過背書功能，來評估這個人的能力是否受到業界人士的肯定。

有一個專業經理人有超過二十年的工作經驗，想要轉換跑道，卻又不想依靠獵人頭公司，所以想要開發另一個求職管道。

他有LinkedIn帳號多年，但在個人檔案上卻只有簡單提到目前的工作，省略掉他早期的工作經歷。我請他將完整的基本檔案上建立後，邀請心儀企業的高階主管加入他的人脈網，並與對方展開互動，針對一些產業議題交換意見；同時也要他加入LinkedIn上的專業組織，定期針對市場現況發表看法。

如此一來，他擁有了相當人數的追隨者，許多人主動「背書」並「推薦」他，還有一家他有興趣的企業，執行長因為自己即將退休，詢問他是否有興趣接班，就這樣透過LinkedIn這個管道，得到一份夢寐以求的工作。

要成功利用社交平台，就是要積極地使用與經營它，為自己塑造一個正面專業的形象，只要你認真耕耘一段時間後，合適的機會就會主動找上你。

04

—

提升自己的曝光度，增加在求職市場上的能見度

參與公司的跨部門專案，做出具體的貢獻，讓自己得到同儕的肯定，同時積極參與專業機構與其所舉辦的活動，創造讓旁人對自己留下印象的機會。

對剛踏入職場的新鮮人而言，「努力才能被老闆看見」，似乎是令人深信不疑的道理，所以他們往往成天埋首於眼前的工作，相信自己只要努力並做出成績，最終就會得到老闆的認可，甚至會有獵人頭公司上門，介紹許多工作機會。

結果不久之後，他們就會發現事實並非如此，反而一次又一次親眼目睹，在公司裡面得到升遷、加薪機會的人，幾乎都不是工作最拚命的人，甚至也不是表現最優秀的人，而只是工作與專業能力評價中上，但在各個部門都吃得開的人。

如果你是第一次遇到這種情況，有可能感覺心情很糟，隨著年歲的增長，更加瞭解職場的生態後，就會逐漸接受既定的事實，認為這個狀況完全無法改變。

但你該想的是，在一家有成千上萬員工的公司裡，你不給人機會認識你，同時又不好意思讓旁人知道你對公司的貢獻，而公司每年就只有那幾個屈指可數的升遷機會，當然會順理成章地給了那些「大家認識的人」。

在職場上是如此，求職市場上更是同樣的道理。不管你是在哪個產業，不但要有專業實力，更要擁有一定的知名度，才會得到競爭對手或是獵人頭公司的注目，所以你要想辦法增加曝光度。

有一個喜歡運動的人，在一家運動行銷公司任職，他相當熱心，下班後也積極地參與許多民間的運動社團，擔任無給職的幹部或顧問，有時也會代表社團，在報章媒體上發言。

有一次我們要幫一個運動品牌，物色一個產品經理人，而這個人選必須熟悉某項球類運動。在搜尋市場上相關的人才時，我們發現他的名字常在媒體上曝光，顯然有一定的專業度。在對這些人選進行調查後，知道他相當精明幹練，做事相當有條理，所以我們決定向客戶推薦他，就透過私人管道與他聯繫。

由於他沒有投遞過履歷表給獵人頭公司，所以對於我們找到他的資料，感到相當訝異也覺得驚喜。我們告訴他有這樣一個工作機會，詢問他是否有意願，最後也圓滿地讓他得到這份工作。事實上，如果當初他不曾在媒體上曝光過，這個工作機會根本不會找上他。

許多獵人頭顧問都會加入各行各業的專業機構，目的就在於從中認識更多具有潛力的人才及優秀的主管。透過這些機構所舉辦的活動，可以直接觀察到這些人才在外與他人的互動溝通方式，因為在外的表現通常比在會議室裡的表現來得真實。

所以，如果你是一位專業人士，建議你加入所屬的專業機構與社團，且積極參加團體所舉辦的活動，增加自己的曝光度，對日後找工作或轉職絕對會有所加分。

05

直接交流而不只是發送訊息，才能建立人脈關係

社群網站是一個聯繫的管道，但並不適合用來建立實質的人脈關係，關係的建立還是應該透過實體的言語交流，這也才是取得他人信任的方式。

以往要認識某些人，總是要約時間碰個面，或至少打通電話才能夠認識彼此；但社群網站與手機通訊軟體所帶來的便利性，讓愈來愈多的人利用這些平台與工具，來與陌生人做第一次的接觸。

對於某些較為害羞的人，因為不需要面對面互動，也就變得更為勇敢，會透過臉書加不認識的人為好友，甚至開啟視窗跟陌生人聊天。

然而，你一定要考量到的是：如果要建立人脈，能為你的求職目標帶來幫助的，通常不會是有太多閒暇時間的人，更有可能是一個相當忙碌的人。

更重要的是，很少有人真正有耐心去聽陌生人的問題，所以你更應該思考，如何讓對方覺得你相當尊重他，不但沒有占用他太多時間，更創造出使他「被人需要」的感受，讓對方覺得幫助你是件開心的事。

所以如果想要透過網路建立關係，與其嘗試在鍵盤上花一堆時間打字，還不如直接約個時間，表達希望跟他通個十五至二十分鐘的電話。

在打電話之前，你一定要先將需要的資料、所需提問的問題完整列出。除非對方在談話過程中，主動表達他願意給你更多時間，不然一定要確認自己能夠在預定的時間內講完話，建立一個專業可靠的形象。

有個年輕人想要利用學長姊的管道，加入自己心儀的公司，所以他透過學校的校友資料庫，查出有哪些人在目標企業任職，因為自己也不好意思主動打電話給他們，就透過臉書發出邀請，請對方將自己加為好友。

有些校友來者不拒地將他加入，但大部分的人都沒有理會他。而對於那些加入他的校友，他就把自己的一些問題，洋洋灑灑地透過臉書寄給了對方，但最後卻沒有半個人回覆。

他覺得校友們都很無情，但我看到他寄給對方的問題後，就發現這些問題根本很難三言兩語就解釋清楚。所以，我建議他透過臉書，詢問對方是否有空喝杯咖啡，或是在電話中聊一下，果然大部分的人都欣然接受，而他也成功獲得他想要的資訊，最後更透過校友的引薦，順利到心儀的企業任職。

所以，就算社群網站再普及、手機通訊軟體再方便，也不能夠完全取代傳統的直接溝通方式。你應該把這些平台，僅視為與對方搭上線的管道，而不是認識彼此、深入交流的管道。

聽到聲音才有親切感，實際見面才會留下印象，千萬不要一直躲在電腦與手機後方。如果碰面時展現出大方與專業，自然就會取得這些職場人脈的信任，日後他們就有可能不介意透過臉書或是手機通訊軟體與你保持交流。

06

家人與朋友，並不一定是你最好的求職後盾

愈熟悉的親朋好友，有時反而不能提出新的求職觀點與有幫助的做法，多到外面認識新的朋友，並請教他們的意見，才能在思維上有新的刺激。

對許多人而言，之所以會需要找工作或轉換跑道，往往都有自己的個人原因，也涉及到一些私人的規劃，所以也不太想讓旁人知悉。

有的人是因為工作表現不佳，而被公司資遣，當然更不想讓身邊的親朋好友知道，畢竟這相當有失顏面。求職對許多人來說，是一個充滿壓力的過程，身邊的家人與值得信賴的朋友，往往就變成少數能夠傾訴的對象與抒發的管道。

遇到挫折時，這些人當然是你最好的精神後盾，但你得到安慰後，仍舊要面對依然存在的現實問題，此時你身邊圍繞的就不應該只是會安撫你的朋友，更重要的是有能夠帶領你跳脫負面情緒、點出你問題，並建議如何改進的人。

有一個相當優異的人才，當初見到他的時候，他在一家上市公司才任職五年，不到三十歲的年紀，就因為表現突出，而成為公司創立以來最年輕的資深經理，年收入更高達數百萬。

沒想到，後來公司以產品前景不佳為由，解散了他的部門，他心想憑自己的能力，要找另一份工作，應該不是問題。但不知為何，幾次面試後總是收到感謝函，自尊心強的他，也拉不下臉去詢問認識的廠商。

因為心情不好，他就成天去找老朋友們吃飯喝酒，酒酣耳熱之際，朋友們往往開始拍胸脯掛保證，安慰他能力那麼出色，只要堅持下去、再多投幾封履歷，一定很快就會有許多面試機會，對此他也深信不疑。

但三個月很快就過去了，情況卻沒有好轉，他開始借酒消愁暴飲暴食，結果體重直線飆升，身材完全走了樣，脾氣也變得暴躁且反覆無常，每天都遲遲無法入睡，年紀雖輕卻得了憂鬱症。

就在這時，我們聽聞他的公司裁撤某些部門，知道他過去是相當有潛力的主管人才，所以就與他聯繫，想要介紹一些工作機會給他。但我們看到他時，已經跟當初所認識的他判若兩人。

我先要求他戒酒，將自己的體態重新管理好，並與之前他投遞過履歷的企業人資接洽，瞭解他被拒絕的實際原因。

本來他認為找不到工作是產業結構的關係，事實上卻是他面試時高傲自滿的態度，讓許多主管對他的個性有了疑慮。修正心態後，透過我們的牽線，他終於得到新的工作機會。

沒有人喜歡聽到重話，更不喜歡聽到對自己負面的評語，但不這樣做，就永遠不知道自己要如何改進。

多認識新的朋友，不要總是跟舊識討論事情，接受客觀的批評，參加座談會、演講等活動，接觸產業菁英並與其交流，同時不吝請他們告知自身不足的地方，這樣在求職上，你才會有「心」的突破。

07

累積興趣嗜好，讓自己成為有趣的人

生活體驗愈豐富的人，講起話來往往愈能夠吸引人，所以如果能夠培養自身的興趣嗜好，投資自己成為一個「有話題」的人，將會對求職面試有所幫助。

現在的上班族，似乎都已經習慣被工作「綁架」了。對許多人而言，平常一睜開眼就是工作，下班又帶工作回家，難得有空閒就是在家休息。也因為如此，所以生活往往相當單調乏味，平時也沒有任何有趣的個人嗜好。

每次在審核履歷時，最常看到求職者填寫的興趣與嗜好是看書、看電影等。雖然這樣似乎也沒什麼大不了，但問題就在於如果你的興趣嗜好，跟其他九九%的人一模一樣，那在專業能力差不多的狀況下，你還有什麼吸引他人目光的地方呢？

我時常需要與企業一起甄選人才，每當我與企業領導人在面試資深主管時，除了他的專業能力、工作經歷，以及溝通與領導能力等必備條件外，我們也會去瞭解這些人選，是否還有令人感興趣的個人特質。

相信很多人在面試時，常常會聽到對方問「你有什麼興趣嗜好？」聽到這個問題時，你可能會有一個直覺反應，那就是面試官問這個問題，應該只是隨口聊聊吧？這的確有可能，但如果你每次都這樣想，請先聽我跟你分享一個故事。

有個高階經理人希望能夠找到一個新的舞台，剛好我得知有個上市企業，正在尋找一位營運長，因為此人真的相當優秀，所以就將他介紹給該企業。他除了與企業的人資長碰面外，也依序與副總裁、財務長與執行長都談過。

經過這些主管的審查後，他順利地進入到最後一關，那就是與董事長面試。但除了他以外，還有另外兩位由公司董事舉薦，同樣也相當出色，而且資歷比他更為豐富的人選。

董事長事先已經詢問過其他主管，因此對每位人選在前面幾個階段的面試表現，都有相當程度的瞭解。他知道這三個人都相當地優秀，在專業與工作能力方面，應該都能夠為公司的未來創造新的格局。

所以，他只想與三個人面對面閒話家常，瞭解他們的生活經驗。這位董事長在業界是一個眾所皆知的愛酒之人，甚至在法國波爾多投資了一個酒莊。

這個高階經理人，求學時曾到法國交換學生，放假還跑到梅多克（Médoc）地區的葡萄園幫忙，且日後仍持續鑽研葡萄酒，所以他與董事長有了共通的話題，而另外兩位人選，都是滴酒不沾的人。最後他與董事長交談甚歡，當然順理成章地得到了這份工作。

興趣嗜好是幾乎每個我所看過的人，都不予以重視的「求職力」。你一定要能夠投資工作以外的時間，使自己有真正的休閒與嗜好，甚至讓自己成為某一方面的專家，增加生活中不同的體驗，才能夠在面試時有更豐富的討論話題。

08

—

參與社會公益活動，與企業的理念創造連結

願意主動利用私人時間，為公益機構與活動盡一份心力的人，往往能夠為企業帶來正面的社會形象，這也是企業領導人所需具備的條件與特質。

成功的企業，除了需要創造利潤、對股東負責外，也要懂得保護員工、社會、環境與資源，這就是所謂的企業社會責任（Corporate Social Responsibility，CSR）。有充分落實企業社會責任的公司，擁有良好的競爭力，更會得到社會大眾的認同。

我與許多知名企業主交流後，發現企業對於何謂人才雖有不同的解讀，但都有個一致的看法，那就是如果這個人願意自動自發地參與公益活動，或是幫助弱勢族群，這都是會吸引企業的特質。

基於企業社會責任理念崛起的趨勢，你是否曾想過，除了自己的專業能力外，要如何增加自己在這方面的體驗，讓自己更有競爭力呢？

所以我相當鼓勵求職者，讓參與這些活動成為生活中的一部分，而這樣的經驗，絕對能夠為你的履歷加分。尤其你一定要瞭解，當有一天你與他人競爭一個高階職位時，企業看的不僅是你的專業知識與經歷，還有你的個性與人品。

有一個求職者，他之前是在一家知名的運動鞋品牌公司工作，因為從小在鄉下成長，居住環境受到工廠的污染，所以舉家遷移到都市生活。這使得他對於生態環境的保護有著相當的使命感，因而經常參與相關的活動。

他一直希望能夠進入一家重視環境保護，只利用環保材質來製作產品的公司，所以來尋求我們的協助。剛好我們有一個客戶，是利用再生以及有機成分的原料，來打造他們的鞋類產品，對此他相當感興趣，我們就將他介紹給該客戶。

我們的客戶看到他的履歷中，除了講述工作經歷外，也描述了他所參與的環保團體，剛好是他們公司長期贊助的公益團體之一。雖然以這個職缺來看，他實際上比其他人選的工作經驗少了些，但卻有別於他人的環境保護理念，與公司的形象不謀而合，所以最後異軍突起地得到這份工作。

我鼓勵每個人，平時就盡可能多加參與社會公益活動，但也不建議有什麼活動就參加什麼，這樣反而容易讓自己的理念「失焦」。而且參與活動千萬不要抱著插花的心態，更不要只是為了放入履歷，而是因為自己真的在乎這個議題。

如果你是真的關心某方面的議題，你可以考慮積極地參與相關的活動，這樣才能有助於建立一個明確的中心理念。而這樣的理念與形象，如果日後應徵工作時，跟企業的產品或服務能夠有所連結，將會為你加不少分。

所以平時你也應該思考，你所想要進入的企業，會有什麼樣的社會理念？除了專業技能外，它們會尋求什麼樣人格特質的人選？只要釐清一個正確的方向，將會讓你未來求職更為順利。

09

—

出國留學的目的不正確，求職一定不會加分

想出國留學，如果無法申請到名列前茅的大學，那更重要的就是要把語言學好，讓自己至少能夠擁有流利的外語能力，並深入瞭解不同的文化。

為了增廣見聞，同時讓自己的資歷有所加分，許多人常會問我的一個問題，就是到底要不要申請到國外留學？

不論是企業人資或是獵人頭公司，當然絕大多數都相當注重求職者的學歷，而有相當多的企業，會以大學排名來篩選人才，甚至只要某間大學的畢業生。

但對於求職者來說，如果要就讀國外的大學，不管是一年或兩年，花費往往都相當可觀。在費用全部自理的狀態下，常會使之前努力工作所賺的錢，一夕之間化為烏有，所以是否要到國外留學，一定要考慮得到這份文憑的效益與意義。

如果你出國留學，目的是為了未來的工作，那簡單來講，應該具備兩個基本的目標：一個就是讓自己的外語能力有所成長，另一個就是新增的學歷，能夠得到目標企業的青睞。

但如果你只是單純希望能夠有個國外大學的學歷，而隨便選一間就讀的話，以企業人資或是獵人頭公司的觀點來看，幾乎可以說沒有任何加分的效果，而回來找工作時，也不用期待在薪資方面會有顯著的成長。

有一個求職者，在一家知名上市企業工作，因為看到身邊的同事幾乎都有研究所的學歷，覺得自己假如沒有同樣的條件，未來在職場上將會沒有競爭力。所以他決定辭職，花一年準備申請國外研究所。

他因為自己的英文底子不好，最後只申請到一所不甚滿意的美國大學。他覺得反正只是拿個文憑，而且據說那所學校的研究所，亞洲學生占了超過一半，所以去那裡也能用中文溝通，就算我阻止他不要去，他最終還是去就讀了。

兩年後他順利畢業，想說自己多了個國外大學的學歷，加上原先的工作經驗，應該在就業市場上有一定的搶手度，回國後，就去尋找一些獵人頭公司，看是否可以幫他介紹合適的機會。

他卻沒預料到，雖然他的履歷相當搶手，但獵人頭公司為他媒合的職缺、職等都與原先差不多。因為在美國期間，他並沒有積極加強英文能力，更因為離開職場已經三年，所以企業所開的薪資，與他的預期有相當大的落差，甚至有些還比他原先的薪資更低，這也是我當初不建議他出國的原因。

現在出國留學已經不如以往困難，而許多學校為了吸引外國學生，申請標準也大幅降低，所以企業對於擁有國外學歷的求職者，更是會用放大鏡來檢視，他們是否真的比沒出過國的人選優秀。

所以，如果不是名列前茅的大學，在企業或獵人頭公司眼裡，不管是去讀哪一間，其實並沒有太大的差別。此時重要的是你在那裡學到的實際技能與語言，才會對求職有真正的幫助。

PART 2

求職前要先確定自己要什麼？適合什麼？

10

求職前先與專家討論，瞭解現階段的職涯狀況

如果想求職，卻又不清楚自己究竟適合哪一種工作或是產業，那一定要在投遞履歷前，先找個專家來為自己的履歷與求職方向做個健檢。

如果你生病了，會去看醫生嗎？就算身體感覺不錯，也都會想要做個定期的健康檢查吧？就如同你的健康，需要定時找醫生來做健檢，你的職涯狀況，最好也要在特定的階段，尋求專家或業界前輩，來為自己的職涯走向把個脈。

我發現許多想找工作的人，最大的問題不是找不到工作，反而是不知道自己該找什麼工作。許多人往往都是在想找工作或是需要找工作時，才開始傷腦筋：「我的下一份工作，到底要做些什麼？」

出於這樣的苦惱，這些人就會在沒有確切的方向之下，開始濫投履歷，反正就是「先投再說」。以這樣的方式找工作的話，一旦找到工作後，就會立即忘掉這個煩惱。一旦哪一天離職，又再次有同樣的疑問，代表自己根本從來沒有釐清過求職的目標，只是無意識地在職場中隨波逐流。

有一個求職者，因為只有高中學歷的關係，所以找工作的選擇不多，每當想要換工作時，就會到處碰壁。所以一直以來，他都只有一個單純的想法，就是哪間公司給他工作，他就會願意嘗試。

在多年的職涯中，他做了許多不同的職務，也在不同的產業中任職過，所以雖然工作經驗豐富，但他知道自己如果想要往上晉升，就需要擁有大學學歷。所以他努力地半工半讀，最後終於成功拿到那紙文憑。

雖然鬆了一口氣，但也開始迷惘，自己有了不亞於他人的學歷後，接下來要找什麼樣的工作？因為過去的經驗橫跨不同的產業與職務，使得他完全搞不清楚未來的求職定位。

我整理出他過往的經驗所累積的主要技能，發現他雖然做過許多不同類型的工作，但其中專案管理是他最為熟悉的職務，所以就建議他考國際專案管理師（Project Management Professional，PMP）證照，將自己定位成專案管理專家。現在的他，已經成為一間電腦大廠的專案管理高階主管。

所以一旦有準備轉換工作的想法時，建議先將你的經歷整理好，找一位可信賴的人資主管或是職涯顧問，以人資與企業的角度，給你最直接的回饋。

你一定要瞭解自己的職涯狀況，瞭解在企業人資或獵人頭公司的眼中，你目前所走的路，也就是你所選擇的職務工作、所得的企業與產業，是否合理且適合你，是否能夠讓自己的未來加分。重要的是，一旦不小心走偏了路，你要如何「轉」回到合乎情理的職涯方向？所以求職前，你一定要先瞭解自己當前的職涯狀況，透過專家或前輩的建議，再決定求職的策略。

11

正視自己的盲點，求職目標才會客觀且務實

要開始求職前，每個人一定要先認識別人眼中的自己，尤其是對自己的評價，這樣在投遞履歷時，對接下來的求職目標才會務實與客觀。

對企業或是獵人頭公司來說，在看到履歷表的那一刻，當下就要直覺性地判斷，這個人選是否值得邀請來面試。許多人總是不能理解，為什麼他們的履歷寄出後卻遲遲沒有結果？其實大多數的人，問題共通點就是對自身所具備的條件，存在著嚴重的「盲點」。

簡單來說，如果我問一個相當單純的問題：「你有沒有想要去的公司？」幾乎每個人的心目中，都有幾個相當嚮往的企業及職位目標。但遺憾的是，這些人的目標，往往是與現實脫節的。也就是他們會不切實際地認為，自己只要努力地多申請幾次，心儀的企業說不定哪一天會給自己一個機會。但事實上只要是不適合你的職缺，不管申請多少次也都是枉然。

很多人想要的工作，跟真正適合他們的工作往往是兩碼子事。但他們卻一心一意地執著於自己的夢想，而一旦夢想與現實脫節，就會使得失敗的狀況不斷發生。

除了求職目標的盲點外，同樣有許多人對自己的個性、能力等，也普遍存在著認知不清的情況。每個人總是認為自己最瞭解自己，不管這種說法是否正確，就算真的是如此，當你在看自己時，事實上大都是以一個較為主觀的角度，而缺乏客觀性。

有一個在國際貿易公司任職的求職者，她在公司主要來往的客戶，都是來自於東南亞國家，所以她在工作上常會需要與外國人溝通，透過工作上的磨練，也開始對國外業務變得駕輕就熟。

她覺得公司不應該錯過歐美市場的商機，但因為老闆想法保守，短時間內只想把目前的東南亞市場經營好，所以她決定尋找更大的舞台發揮。她投遞履歷給有與美國市場往來的貿易公司，得到幾個面試機會，但面試後都沒有下文。

她覺得自己的國貿經驗相當豐富，又有外語溝通能力，所以不知為何都不順利，所以來找我們討論。

在溝通的過程就可以發現，她的確有相當好的能力，對國際貿易有相當扎實的基礎，但卻主觀地認為，只要有國貿經驗，就應該可以適用於全球的國際貿易，卻忽略掉對企業來說，東南亞與歐美這兩個市場是全然不同的概念。

我建議她先暫停投遞履歷，主動加強自己的專業知識，去參加國貿課程，瞭解歐美市場的貿易規範。在獲得這方面的知識後，透過主辦課程的機構，與相關企業建立關係，就順利得到這樣的工作機會。

所以你認為你擁有的，有可能是你欠缺的；你認為你有資格的，有可能其實天差地遠。只有拋開本位主義，客觀地評價自己的能力與求職目標，才能夠順利地得到你心目中的好工作。

12

視自身的個性與需求，來選擇適合自己的企業

大企業或外商公司不一定適合每個人，千萬不要只迷信公司名號，而是要以自己的個性與需求，來選擇自己能夠發揮實力的企業類型。

很少有人不喜歡到知名外商公司，或是上市大企業工作。會尋求獵人頭公司協助媒合的人，可以說是接近百分之百，都是以這樣的企業為目標。

但隨著愈來愈多網路或雲端軟體公司成功崛起，也開始有許多人會希望進入新創公司（Startup），讓自己在公司的草創初期就加入，進而有機會分享到公司未來成功的果實。

雖然幾乎所有的人，都是著眼於新創公司可能成功上市後所帶來的金錢回報，但對於願意挑戰高風險機會的求職者，還是令人相當佩服。然而，就算進入了外商或知名大企業，也並不代表你一定會有穩定的工作。

對於一些大企業來說，一旦市場不景氣，企業無法開源，當然就要開始節流，裁員就是最直接的選擇；而對中小企業來說，如果一個人離職，往往就會影響到許多流程的運作，所以除非到真的無法走下去的地步，一般不會輕易裁員。

再者，要知道大企業層級多、分工細，如果不是特別突出的人才，有時進去後工作範疇可能變化不大，導致只懂某個特定產品或技術，卻沒有機會轉調不同的單位或產品線增加歷練。

而中小企業或是新創公司，因為員工人數較少，你往往需要同時身兼數職；也因為層級不多，表現更能夠讓主管與老闆看到，同時學習到不同的職能，讓自己有快速成長的機會。

由於你什麼事情都需要參與，所以更能夠感受到公司的成長，而從中得到成就感。

有一個在半導體業任職的工程師，將近十年來都在這個產業的國內公司任職，經歷包括積體電路（Integrated Circuit，ＩＣ）的製造、組合、加工與測試，所以專業歷練相當全面。

後來，他聽聞有一家外商半導體公司要到國內設廠，將會招募許多不同層級的工程師與主管。因為那家外商在業界有相當不錯的評價，產品也具有競爭力，加上他自己那麼多年來，一直相當渴望有機會進入外商，所以便決定去申請這個機會。

結果他順利地得到了這個工作，同時與上百名工程師開開心心也充滿驕傲地加入這家跨國公司。結果才過了一年，公司研發就遇到瓶頸，某天他剛進辦公室，所有員工就毫無預警遭到遣散，而在歐美的研發團隊卻全都保留。

所以如果你考慮到外商工作，最重要的就是先去瞭解該公司，在本地的人力規模與扮演的角色。外商公司在全球各地的分公司，都有不同的策略重要性，也會進一步影響到員工未來的發展。

成功並不一定建立在進入知名外商或大公司，反而往往是建立自我專業上的定位。選大企業不一定好，選小企業不一定差，重要的是選擇一個你覺得有把握、能夠讓自我充分發揮的舞台。

13

發掘自己的關鍵字，定位清楚的求職目標

依照目前所擁有的個人條件，將代表自身形象與專業的關鍵字，清楚地一一列出，然後針對求職目標，思考這些關鍵字是否是該職務所需要的特質。

當你準備購買一個新的產品時，是否會傾向於選一個你所信任的品牌呢？如果這個產品本身有清楚明確的定位、符合你的迫切需求、價格合理，加上是來自於一個辨識度高的優質品牌，相信這樣的產品就是你最終的選擇吧！

同樣的道理，企業人資在挑選你或是其他人才時，每個人就有如一個又一個陳列在架上的商品，人資會評估你到底與其他人有何不同？選誰的「性價比」較高？你的吸引力在哪？簡單來說，要給人資一個選擇你的理由。

如果你所做的工作，與身旁的人大同小異、同質性高，那麼懂得如何將自己「品牌化」，增加自身的辨識度，建立與職務和產業契合的個人形象，將是你求職時必備的基本條件之一。

有些人可能會突然感到迷惘：「那我的品牌到底是什麼？」

其實，你不用想得那麼複雜，基本上就是先從自己所擁有的條件來歸納，包括你所處的產業、公司形象、職務層級與負責的產品領域，就是構成你個人品牌的來源。

舉例來說，比爾・蓋茲是「全球數一數二」的「外商」「軟體公司」，著名產品「Microsoft Windows作業系統和Microsoft Office軟體」的「創始人」。引號之間的字，就是他個人品牌的關鍵字，當然他還有更多的關鍵字，如「慈善家」等，但請回到你自身想想，你有沒有認真地發掘過自己的關鍵字呢？

有一個求職者，因為相當嚮往法國文化，所以她進入一家法國服飾公司任職，從最基層的助理開始做起，七年後成為公司的品牌經理。

因為表現出色，而有獵人頭公司打電話給她，想挖角她到一家知名的英國服飾公司。由於開的薪資條件相當不錯，她也很心動，所以來找我們諮詢，想要瞭解我們對這份工作的意見。

由於她的強項就是對法國文化的瞭解，以及對法國品牌的熟悉度，所以我建議她可以考慮，將自己的職場定位為一個法國品牌專家，經過思考後她決定拒絕這家英國公司的機會。

接下來她更用心地學習法文，而她的努力也得到回報，八年後她成為該公司有史以來第一位亞洲籍的總經理。一家著名的法國精品集團，邀請她擔任旗下服飾品牌亞太區的總裁，她當然也欣然接受。

她今天會如此成功，當然是因為她的努力，但更重要的是因為她堅持著一個清楚的個人品牌定位，那就是讓自己成為一位在「亞洲」最瞭解「法國」「服飾品牌」營運的「專業經理人」。

品牌定位清楚的人，能夠釐清自己的求職目標，更往往擁有堅定不移的職涯信念。一旦你發掘出自己的個人品牌關鍵字後，更能夠針對這些關鍵字，來扎根培養相關能力與形象，讓日後應徵工作時有著明確的方向。

14

擁有明確的職涯走向，決定當個「專才」或「通才」

一旦累積了五年的工作經驗後，就一定要讓自己的職涯有個清楚的定位，選擇當一個「通才」，還是一個「專才」，將會影響未來的求職方向。

若有換工作的想法，相信都會伴隨著一個重要的問題，那就是下一份工作，到底要不要在同一個產業，但嘗試不同的職務？或是到另一個產業，但是在同一類型的職務上繼續做下去？

舉個例子來說，如果你大學讀會計，畢業後找到一份銀行的工作。接下來的幾十年，你可能選擇繼續在銀行裡，擔任各種不同的職務，如櫃員、外匯、個金金融、企業金融、授信、理財等，而獲得全方位的金融產業經歷。

另一個大學同樣是讀會計的人，畢業後第一份工作是先進入會計師事務所學習，等經驗累積到一個程度後，進入一家電腦公司擔任會計，幾年後跳槽到一家化妝品公司擔任會計經理，之後又進入一家網路公司擔任財務協理。

雖然都是讀同樣的科系，但上面的例子，代表著兩種全然不同的職涯走向，一個是選擇成為某個產業的「通才」，另一個是選擇成為跨產業的「專才」。這兩種職涯發展方向都是相當合情合理的，只是看你自己如何選擇。

有一個求職者，她從電機研究所畢業後，因為成績優異，立即就被某家科技大廠，延攬成為產品研發團隊的一員。她也希望自己在這個產業出人頭地，所以在工作上力求表現，成績也相當傑出。

在十二年的時間裡，她歷任過各個不同的部門，包括品保、客戶服務、業務等，在每個單位都勝任得相當愉快。就在她一帆風順的時刻，公司卻被競爭對手惡意併購，因為她屬於老闆的心腹，所以也只好跟著老闆走人。

離開後她覺得心情很悶，也覺得這個產業風險太高，所以便決定往全然不同的領域發展，來忘記這一切。於是她開始投遞履歷到其他不同的產業，雖然有一些面試機會，但因為產業不同，最終都沒得到青睞。

畢竟她這些年來的經驗，一直都局限於單一產品與產業，所以要完全跳脫這個產業，往往會被面試企業所質疑。我要她誠實地認清自己，是否仍對這個產業持有熱情？同時是否想定位自己成為這個產業的專家？

她這時才意識到，之前希望往全然不同的領域發展，只是為了掩飾上一段職涯的挫折感，離開這個產業並不是她真的想要的。

所以，她重新向之前所從事的產業投遞履歷，並在履歷內容中清楚地提及她定位自己為這個產業的專家，熟悉前端與後端的工作，很快地就找到了青睞她的企業。

如果想要讓企業瞭解你，很重要的就是你的經歷，要有一個清晰的產業或是職務上的定位脈絡，如果這部分模糊不清，將會影響到日後的求職成果。

15

當職涯發生失誤時，求職的方向要更有彈性

一旦因為選擇的失誤，而使得產業或專業上發生斷層，在重新求職的方向上，一定要比之前更有彈性，才能夠將傷害在最短時間內降到最低。

大多數人的職涯都有脈絡可循，也就是工作經歷都有一定的延續性，而所謂的延續性往往包括兩種，一種為職務，另一種為產業，簡單來說就是跨職務但在同一個產業，或是跨產業但都是在做同一種職務。

對於工作經歷的走向要有想法、具備邏輯性，這對每個求職者來說都非常重要。現在愈來愈多人對於找什麼樣的工作，抱持隨興的態度，你雖然有權利選擇你的人生，但如果你的選擇讓企業無法瞭解時，之後就會存在著巨大的求職風險。

有些人往往有個錯誤的想法，認為自己在跨入不同的職務後，如果做得不順，仍舊可以回去原先的職務。但一旦做出了選擇，哪一天想要回去，就會發現情況早已跟你原先所想的不太一樣了。

站在企業的立場，因為他們有相當多該領域的人才可供選擇，所以沒有必要重新任用一個在專業經歷上發生斷層的人選。遇到這樣的狀況時，你所能做的，首要就是先管理自己的期望。

如果你一直執著於非大企業不可，這時可能需要先考慮接受中小企業的機會。如果你想找高階主管層級的機會，就有可能需要先考慮中階主管的職位。而想要到國外工作的人，就可能需要先在國內打好基礎。也就是職涯要保持彈性，才有機會讓自己回到正軌。

有個求職者讀的是電機工程，研究所畢業後，就進入一家大型科技公司任職，也順理成章地在那裡擔任研發工程師。工作上雖然表現不錯，但因為他的個性活潑，所以對於有些單調的工程師生活感到無趣。

他看到公司裡的業務人員，雖然有業績壓力，但成天都可以四處拜訪客戶，與客戶應酬聊天，不用一直待在辦公室裡，他覺得自己應該可以勝任。所以他做了兩年研發後，就向公司提出了申請，希望能夠轉調到業務單位，公司也給了他這個機會。

然而，他才做了幾個月的業務，就發現沒有自己想像中有趣。在身邊同事鼓勵下，他決定撐滿一年，再轉調回原來的研發單位；沒想到一年後，研發單位已經沒有他的位置了。他決定往外尋找研發的職缺，卻沒有大企業願意給他機會。

我們建議他先從欠缺研發人才、規模相對較小的公司開始嘗試，他才順利地重新回到研發領域。在累積了三年經驗後，如願轉往大型科技公司發展，也順利得到一個中階的研發主管職位。

所以，工作一旦出現斷層，找工作時一定要先求重新建立起職務或產業上的連結，並對薪資部分有所讓步，只要連結得當，先在工作上證明自己的能力，有耐心地先蹲後跳，就會讓你的職涯重新步入正軌。

16

—

開始求職前，先釐清自己需求的順序

求職前就要先釐清，到底對自己最重要的是什麼？並要客觀地將自己的需求，理智地按照偏好排出順序，才能夠在面臨抉擇時做出適當的決定。

在眾多求職者當中，有不少人往往有個共同的疑問，就是不知道哪個工作最適合自己。另外也有一部分的人，雖然知道自己對哪種工作有興趣，但卻不知道到底工作的哪一部分，對他來說是至關重要的。

當你追求一個夢想的工作機會時，你事先一定要有個心理準備，那就是不可能凡事都是美好的，許多看似人人稱羨的工作，往往都會存在著一些問題，而這些問題有可能是薪資條件，也有可能是工時、地點，乃至於未來的升遷機會。

相信你曾看過，有些工作提供相當好的薪資條件，但需要派駐到相對落後的國外城市，與家人長期分隔兩地；而有些工作雖然待遇和福利不差，但在相對保守僵化的體制下，新人不易出頭，資深主管流動率不高，所以如果加入這樣的企業，就需要有熬上十年、二十年，才有機會成為主管的心理準備。

有個在一家外商海運公司任職的國內業務，後來因為表現優異，得到老闆的信賴，老闆開始讓他參與歐洲線的業務，同時也須兼顧原有的國內客戶。雖然勝任愉快，但他希望未來只專注在國際線的業務發展，所以開始尋求新的工作機會。

他看到有一家國內的海運公司，正在尋求歐洲或美洲線的業務人員，所以他便投遞履歷，通過層層面試後，終於得到了錄取通知。但此時他反而陷入長考，因為基本薪資比他原先的還少一〇%，同時還要外派到荷蘭鹿特丹（Rotterdam）至少兩年，但公司會提供外派補助。

他來詢問我們的意見，討論這個工作機會是否值得接受。過程中我強烈感受到，他希望往國際線發展的決心，相較之下薪資多寡反而是其次。所以我建議他先與公司確認，瞭解兩年後假使他想回到國內，公司能夠提供的職務規劃。

後來他在荷蘭發展得相當成功，兩年後因為家庭因素決定回國，薪資不僅獲得合理的調漲，公司更升他為歐洲區的主管。

一個人年輕時，可能最在意的就是金錢，哪家企業給的薪水比較高就去哪；到中年時，可能在意的是升遷機會與公司未來的發展；到臨屆退休年齡時，反而在意的是工作時間，例如是否有機會多陪伴家人，以及工作福利是否完善。

魚與熊掌不可兼得，這是大部分人求職都會遇到的狀況。我相信每個人在人生不同的階段，想的事情、在意的事情都會有所不同，心境都會有所改變。

因此，建議你每次準備求職前，先看看自己已經擁有了什麼，再問問自己「真正」需要的是什麼，就會發現，「錢」不一定永遠是你求職考量的第一順位。

17

想得到國外的工作，就要先累積當地的經歷

如果想到國外工作，最好先以在國外有分公司的國內企業為跳板，透過這樣的平台，爭取外派的機會，累積國外的經驗後，才有機會應徵國外的職缺。

隨著產業的全球化，愈來愈多具備語言能力的人，開始把求職的目標放在世界各地，不想讓自己的發展機會局限在同一個地方。

但很多有這樣想法的人，往往第一步的做法就錯了！最常看到的方式，就是準備好一份英文履歷，然後直接寄去國外申請工作職缺。

這些求職者似乎都不願意面對一個事實，那就是如果過去沒有任何在那個國家工作的經驗，基本上就幾乎沒有當地企業願意給他們這樣的機會。

如果有往國外求職的想法，第一要務就是尋求其他的管道，累積當地的經驗；與其希望國外的企業會直接給你這個機會，比較可行的應該是：先找到在該國有分公司的國內企業。

如果你要找這方面的資訊，當然可以先透過企業的網站，瞭解他們在全球目前擁有哪些據點，以及是否有人才的需求。另一個簡單的做法，就是透過人力銀行網站，搜尋目標國家的職缺，來瞭解有哪些企業在那個國家有分公司，及是否有徵才的需求。

如果你有認識的獵人頭顧問，當然也可以私底下詢問看看。但可以預期的是，國內的獵人頭公司通常招募的職缺，往往都僅局限在本地，甚少提供國外職缺。

你千萬別想說：「那就去找跨國的獵人頭公司，應該就不會有這樣的問題了吧？」但問題就在於跨國獵人頭公司，在主要國家都有分公司，負責個別國家的招募專案，所以還是有地域性的限制。就算分公司之間會轉介人選，但因為你是外國人，除非你具備出色的條件，不然應該也不易受到重視。

有個求職者畢業於德文系，大學時曾經到德國交換學生一年，所以能夠說流利的德文。因為對德國工藝的嚮往，所以計畫將目前的工作做到年底，然後尋找在德國的工作機會。

他認為自己具備英文與德文能力，應該會有當地企業給他機會，就把履歷寄給德國的獵人頭公司。結果他寄了十多家獵人頭公司，卻沒有收到半點回音，他耐不住性子，直接打了個電話去詢問，結果當地顧問跟他說，他沒有在德國的工作經驗，目前也沒住在德國，所以很難幫到他。

他相當失望，所以我們建議他先找一家在德國有辦事處的國內公司，利用這個機會先好好地在當地發展。三年後，他在德國累積了實際的經驗與人脈，再就近聯絡當地的獵人頭公司尋找新的機會，最後成功地進入了德商工作。

想到國外求職，往往需要先找到一個讓自己有機會派駐當地的跳板，一旦累積了當地的工作經驗後，再自行尋找新的機會也不遲！

PART 3

求職的成敗，
取決於你的品行與人生態度

18

關閉在人力銀行上的履歷，主動應徵想要的工作

自己努力追求來的工作，往往比自動送上門的工作更適合自己。用不著在人力銀行上開放自己的履歷，而應該積極主動地去找尋適合自己的機會。

一旦你在人力銀行網站上，填寫完履歷表格後，就可以選擇「開放」或是「關閉」自己的履歷。而這個選擇，就會影響到付費給這些人力銀行刊登職缺的企業，是否看得到你的資料。

企業只可以在人力銀行的資料庫中，搜尋到選擇開放個人資料的履歷，而如果看到合適的履歷，就會主動聯繫人選、邀請面試。除了可以主動搜尋人選外，企業也往往透過人力銀行收到兩種管道的履歷，一種就是求職者主動投遞的履歷，另一種就是系統協助媒合配對的履歷。

有意願主動投遞履歷的人，往往都已經對企業與職缺的需求，大致做了一些瞭解，對企業來說，這樣的人比較有可能事先做了些功課，學經歷也較為適合，所以往往會花較多時間，查閱此類求職者的資料。

有一個求職者想換工作，由於他過去只使用過人力銀行平台求職，且本身也沒有時間上的壓力，所以就決定將他在人力銀行上的資料重新整理一下，就將個人履歷設定為開放狀態，等待合適的機會來臨。

有間企業看到他在人力銀行上的履歷，就一直主動邀請他去面談，而且幾乎每個月都對他發出邀請函。在拒絕這間企業半年後，有一次該企業的人資主動打電話給他，他感到不好意思，就同意去面試了。

面試過後，他覺得這間企業似乎相當有誠意，想要去嘗試看看，又擔心是否合適，所以先來找我們諮詢。我們知道這個職缺已經對外招募一年，至今仍沒找到合適人選，因為該企業的流動率高，之前雖有相關人才加入，卻都待不滿試用期，所以建議他先不要嘗試。

同時，我們建議他不要繼續開放自己在人力銀行上的履歷，同時搜尋幾個合適機會作為目標，主動出擊將履歷寄出。結果，他不需要開放履歷，就得到好幾個相當不錯的面試機會。

浪費時間被動地等待，只會造成求職期間的延長，更會有許多不適合的工作機會上門，所以建議你關閉履歷，不但可以保護自己的隱私，不用擔心被沒興趣的企業看到，同時還可以主動投遞屬於自身專業的工作。

這樣做你會發現，對於選擇主動應徵的你來說，自己努力追求來的工作，大多比自動送上門的機會，更值得考慮與珍惜。

此外，一個很簡單的道理在於，一個好工作一旦在人力銀行上刊登，負責招募的人資每天都會收到相當多的履歷，光篩選這些履歷都來不及了，怎會有時間去人力銀行的資料庫主動搜尋人選呢？

再者，如果你明明沒有興趣應徵這個工作，企業卻一直希望你去面試，那更要特別小心，是否要前去面試，你一定要三思而後行。

19

空虛的優越感，往往會帶來求職上的阻礙

擁有國外留學或工作的經歷，並不代表一定比他人優秀，請不要刻意強調這點，而是以真正的實力，在工作上證明自己，才能得到他人的尊重。

在獵人頭這個行業裡，我們時常會接觸到各種有國外背景的人才，比如在國外長大，並工作一段時間後才回國的；也有大學畢業後到國外留學的。因為經歷過國外教育的薰陶，所以求職方面，也都會更樂於尋求獵人頭公司的協助。

當中有些求職者都有一個習慣，那就是每當寄履歷給獵人頭公司時，郵件中往往都有幾句類似的話，比如「我從國外回來後」、「我過去曾在國外留學」等。我真的不能理解，這樣介紹自己是否真的有加到分？

他們向任何剛認識的陌生人強調這個背景，所想要傳達的訊息是什麼？是想表達沾過洋墨水，所以能力比較出色嗎？還是有國外資歷，所以企業應該要優先考慮他們？

事實上，一個人如果特別強調自己的身分，而不是自己的能力，從心理層面來看，反而往往是比較沒有自信的人。就是因為對自己的能力與條件不夠有自信，所以才需要透過強調國外背景，來支撐自己那點微不足道的優越感。

我遇過一個求職者，大學畢業後，到美國加州大學的一所分校攻讀企業管理碩士（MBA），研究所畢業後留在美國工作。他在美國工作三年後，便希望回國發展，同時與許多獵人頭公司接觸。

我們兩年前收到他的履歷時，郵件裡面僅簡單寫著：「嗨！我最近剛從美國回來，想要知道你們是否有合適的工作機會，附上我的履歷給你們。」

我們看過他的履歷後，發現他的工作經歷，只有在美國當地華人所開的貿易公司上班，但我們覺得這無所謂，只要是好的人才，應該都能夠幫助到他，所以邀請他碰面認識。

沒想到我們打了電話過去，他卻說：「你們現在有合適的工作機會嗎？現在有其他獵人頭公司在跟我接觸，如果你們那裡有合適的外商公司職缺，我們再約吧！」對方的語氣和姿態之高，真的讓人難以接受，當然最後也不了了之。

兩年後，他又再度寄了履歷過來。這段時間，他只有短暫地在兩家公司，分別工作了四個月跟六個月，失業後就賦閒在家，等待新的工作機會，卻都沒有獵人頭公司與他聯繫。

對於發生這樣的狀況，我感到相當惋惜，畢竟他有相當好的學歷。但對於他今天的處境，我卻完全不感到驚訝。

因為不管到哪裡，一個人想要得到他人的尊重，是要靠本身實在的能力與人品，而不是靠著國外背景。我可以想像他當初對獵人頭公司所擺出來的姿態，應該跟他日後在工作上對人的態度差不多吧？

如果你有國外的背景，有機會接觸到不同的文化，更應該清楚自己的不足。「謙遜」才是求職的基本態度，有實力又不擺架子的求職者，才是廣受歡迎的人選。

20

—

求職不要帶著負面情緒，懷抱正面情緒才有好結果

企業要找的是正面積極、充滿自信的人才，所以要放下任何離職所帶來的負面情緒，保持著樂觀的態度，才是求職面試時的關鍵。

每當人需要轉換工作時，特別是在被裁員，或是因為與上司或團隊不和等因素而被迫離職的時候，往往容易留下不愉快的回憶。

而這段殘留下來的記憶，往往會延伸並影響到接下來的求職過程。我看過相當多的求職者，無法脫離負面的情緒，甚至認為自己在職場上已經成為輸家，在控制不了自身思緒的狀況下，無法以樂觀正面的態度來面對接下來的求職過程。

因為情緒不佳，所以往往無法靜下心來面對眼前的事實，更無法冷靜地開始尋找並評估適當的工作機會。許多人出於心急，就坐在電腦前，不停歇地狂寄上百份履歷。

這樣未經思考地投遞履歷，根本連投過哪幾家公司都不記得，也不知道自己應徵過哪些工作，顯而易見的結果就是：大量的履歷寄出後，全然沒有下文。一旦沒有得到回音，他們就會繼續質疑自己的能力，一個人在那胡思亂想，卻無法跳脫負面的情緒漩渦。

最後，當然就會影響到整個人的身心狀況，人一旦變成這樣，就算真的有面試機會，要能夠拿出好的表現應該也很困難吧？

有一個求職者，完全沒有預料到在過年前，會接到公司的裁員消息，在公司擔任主管的她，原本計畫過年帶父母親出國旅行，現在這個計畫全部泡湯，反而需要利用過年假期，盡快搜尋新的工作。

過年期間有許多親戚到家裡拜訪，他們聽到她的狀況，雖然都給予安慰，但也讓她不禁感受到莫名的壓力，所以開始努力地投遞履歷。過年後兩個禮拜，雖然有面試機會，卻一再地失敗，她感到失望，開始把自己關在房裡不出來，甚至母親敲門也不理會。

過年後一個月，她終於決定來找我們協助，讓我瞭解到這次事發突然的狀況，確實讓毫無心理準備的她，感到無比茫然。她跟我談到為何被裁員時，咬牙切齒的模樣，很顯然她仍無法接受這個事實，而她也老實地告訴我，在面試時「不小心」抒發了這樣的情緒。

我與她重新探究整件事情的根源，開導她、讓她理解，之所以被裁員並不是「她」能力上的問題，而是「公司」營運的問題，在眾人的眼裡，她仍是一個相當出色的主管，所以沒有必要自艾自憐。她終於釋懷，隨著情緒上的改變，接下來的面試就順利得到新的工作機會。

求職面試的過程，要讓自己散發正面的能量，永遠懷抱著樂觀開朗的心態，來準備求職的每一個環節。因為只有心態正向，才會仔細周全準備；如果感到煩惱沮喪，一定會因無法集中心力而草率準備。求職要保持正確的心態，樂觀面對所有的結果。

21

空窗期是可以接受的，但要有妥善的規劃

每個人都可以讓自己在開始下一份工作前，暫緩腳步再重新出發。但如果刻意想讓自己休息久一些，那一定要有個充分且有意義的理由。

愈來愈多的上班族，在工作轉換之間，只要自己的個人情況許可，且身邊有一些積蓄，就會想讓自己多休息一段時間，再重新開始找下一份工作。

許多人平時工作相當忙碌，所以往往就會利用轉換跑道之間的空檔，多陪伴家人、找朋友碰面，或是給自己安排一個小旅行；有的人甚至會報名短期課程，學習新的知識與技能。

有時一旦開始休息，稍不留意，原先計畫短暫的充電時間，就會成為履歷中較長的空窗期。

如果空窗期只有一兩個月，那在履歷中當然沒有解釋的必要，面試時企業人資應該也不會詢問你原因；但一旦空窗時間是三個月以上時，就有可能讓面試官產生疑問了。

你可能會認為，讓自己休息三個月，應該也不是一個很嚴重的問題。如果你這樣做，再開始認真找工作，除非是身處於有眾多人才需求的產業，而你本身也真的是相當搶手的人才，不然不太建議你如此放鬆。

我們可以做個簡單的計算來看：如果你休息三個月後才開始投遞履歷，一般要在求職過程順利拿到工作機會，有可能會花一到兩個月，最終導致你的履歷上，原先看似無傷大雅的短暫空白，變成接近五個月甚至半年的空窗期。

有一個求職者，她在十多年的工作中，換了約六份工作，平均每份工作待兩年左右。她相當熱愛學習，每次在工作轉換之間，都會跑去上些有趣的新課程，所以讓履歷表的每個階段，總是多出半年左右的空窗期。

她目前雖然任職珠寶業，但因為她非常喜歡香水，也希望將來有機會能夠進到一家香水製造商服務，所以決定辭職到法國南部的格拉斯（Grasse）接受聞香師的訓練。

這樣做的代價就是，她的履歷產生了長達一年多的空窗期，她很清楚如果沒有交代這段經歷，以及背後的想法，不論是在香水業，或是原先的珠寶業，企業光看到履歷，可能都會對她產生誤解。

所以，我要她將履歷投遞給嚮往的香水製造商，並寫一份自傳，讓企業瞭解她自身的職涯規劃、對香水的執著，以及要如何與她所熟悉的珠寶業客層做結合。最終，她雖空窗了很長一段時間，卻還是順利進入一家旗下有珠寶與香水產品的跨國集團。

空窗期絕對是可以允許的，但最好是先有一個詳細的規劃。隨興、沒有計畫的空窗期，往往只會造成履歷上無言的空白，我相信沒有人期待被企業人資追問：「你這段期間怎麼了？」

如果你真的決定讓自己休息較長的時間，最好同時也考慮培養對下一份工作有益的知識或技能，才能讓這個休息的決定，對找下一份工作有實質的幫助。

22

檢討在哪個求職環節出錯，並改變目前的做法

如果求職沒有進展，就應該停止使用同樣的方式與思維，先檢視自己在哪一個求職環節失敗，並改變與嘗試不同的做法，求職才會有所突破。

收到企業的通知信函，知道自己並沒有雀屏中選，總是很令人沮喪，但同時這也是一個絕佳的機會，來為你目前的求職方式，做一個總檢討。

一旦你求職不順，就要先冷靜下來，分析自己到底是在哪一個求職環節沒有進展，才能夠改變目前所採取的手段或方式，並提出相應的策略，突破眼前的求職關卡。

比方說，如果有幾次機會，都已經談到薪資了，自認這份工作大概勢在必得時，卻出乎意料地功敗垂成，那也就代表著，你的薪資談判方式錯誤，或是你對公司的薪資範圍有些高估，或是你自認為是唯一人選，卻有更出色的人才可供企業選擇，也就是你誤判了形勢，訊息沒有掌握清楚。

而如果你不缺面試機會，卻往往都是在面試後就沒有下文了，那就透露出你的問題，並不在於你的學經歷，而是你在面試時的表現，包括溝通方式、回答問題是否有抓到主管的重點，甚至你在服裝儀容上的呈現。

如果履歷拚命地寄，卻都沒有得到企業的面試邀約，問題就相當顯而易見，那就是你的履歷內容並不完善，讓企業對你產生疑問；或是你應徵的職務方向，跟你目前所做的有很大落差，與企業的需求不符。

有個求職者的學歷相當不錯，再加上目前是在一家知名大廠工作，所以自認為第一次轉換跑道，應該沒有太大的問題。

履歷寄出後，果然很快就有好幾家企業，相繼邀請他去面試，而他也是相當用功，每次去面試，都會做充足的準備，所以談完後都覺得過程相當順利，所以相當期待面試後的消息。

沒想到，他卻收到一封又一封的感謝函，讓他不知所措，不知發生什麼問題，畢竟他覺得自己在面試時，所有主管所提的問題，都答得相當得體。

我與他討論後，直覺應該是面試的某個環節出現問題，在詳加詢問後，才發現他犯了一個最常見的錯誤，那就是每當主管最後詢問他是否有其他問題時，他都太有自信地回答「沒有」。

也因為如此單純的原因，主管可能覺得他有些過於自負，即使非常優秀，最後還是考慮其他人選。所以只要他改掉這個習慣，面談最後記得發問，下一次的面試機會來臨時，他就成功得到新的工作。

許多人求職的方式，都是按照自己向來的習慣與步調，不求變通也忽略檢討的重要性。每當你失敗一次，就應該檢討自己可能犯下的錯誤，並確保下一次的機會到來時，能夠有新的對策來應對，求職才會有新的進展。

23

利用自身具備的實力，讓企業新增適合的職缺

企業的人才需求，包括目前需要的人才，及未來可能需要的人才，許多企業往往願意考慮新增職缺，給予對公司未來發展會有所幫助的一流人才。

絕大多數的人，都習慣透過公開的求才訊息平台，尋找合適的工作機會。而這些求職者所看到的職缺，就是一般企業有對外公開招募的部分。

企業在每個階段，都會因為公司發展的需求，而衍生出不同的職缺，但並不是每個職缺都會刊登出來。也有許多職缺，事實上從未對外開放過，而只開放給內部的員工應徵，或是請員工推薦認識的業界友人。所以很多工作機會，往往不為一般求職者所知。

其實有許多企業發展到某個階段，就會意識到需要某些擁有特定技術或知識的專業人才與主管加入。而其中有些企業，雖早有這樣的想法，卻遲遲沒有或是無法採取行動，比如礙於公司人事編制，或是沒有時間規劃。

有規模的企業對於人才的需求，往往需要通過一定的流程與老闆的指示，才能夠委請人資對外開放徵才。而有些公司覺得沒有迫切性，又覺得人數增加後，會影響到組織架構，就選擇按兵不動。

但身為求職者的你，假如對自身的產業，乃至於對有興趣的企業有深入研究，就會瞭解這些企業所面臨的挑戰。如果能夠將自身的優勢與能力，與這些企業所欠缺的人才進行交叉比對，就能夠知道自己是否有機會占一席之地。

有一個求職者在一家公司擔任歐洲市場的主管，他五年前隻身到陌生的環境，努力耕耘至今，讓歐洲成為公司成長最快速的市場，但他卻也開始對自己目前公司的前途感到憂慮。

近年來公司第二代接班，對於歐洲市場並不重視，讓他覺得工作做得愈來愈無力。他決定開始投遞履歷，尋找合適的機會。但在各大求職網站上，仔細地找過一輪後，卻沒有發現適合的歐洲市場主管工作，所以來找我們協助。

我們要他先挑出幾個感興趣的公司，從中發現有幾家公司的營運據點都在亞洲，對於歐洲市場耕耘不深，而其中有幾家在亞洲的營收已經開始遇到瓶頸，所以將會需要新市場來支撐公司成長。

我們要他把過去在歐洲的經歷，以及他在歐洲所擁有的資源，在履歷中大致闡述，然後寄給他覺得有興趣的企業。

結果其中一家公司，本來就有計畫到歐洲設點，但因為內部一直無法找到合適的人才，所以也就沒有刊登這個職位。收到他的履歷後，覺得他相當不錯，所以新增了一個歐洲區總經理的職位給他。

如果你深信自己是目標企業所需要的人才，其實根本就不用在意，該企業是否有刊登合適的職缺。只要你是企業所欠缺的人才，企業就有可能創造新的職位給你，但重點在於你一定要先主動讓企業知道你的存在，才會有這樣的可能。

24

企業注重品德，不該將帶槍投靠作為求職籌碼

一個專業且有道德的求職者，展現的應該是個人在工作上的經歷與成績，及對工作與市場的掌握度，而不應該將團隊與客戶人脈視為求職的籌碼。

為了找到一個能讓自己發揮的公司，或是讓自己在短時間內，薪資就能夠有爆發性的成長，有些求職者往往會尋找該產業急缺人才的公司，也敢於要求優於市場行情的薪資條件。

這些急需人才加入的公司，有的是剛在產業裡起步，有的是遲遲沒有辦法突破市占率，所以如果有徵才的需求出現，就成為瞭解它們狀況、想要從中爭取有利條件的求職者，所想要下手的目標。

在這樣的狀況下，有的人在投遞履歷給企業時，為了表現出自己相當有影響力，要求更好的薪酬條件，甚至會提到如果該企業有需要，他可以介紹他目前的下屬或上司，甚至整個團隊一起加入該企業。

對於企業來說，如果有人提出如此的條件，必然會感到一則以喜一則以憂。可以想像，如果企業真的接受帶槍投靠的資深主管，就要有心理準備與他原先的公司撕破臉。

特別是此人若為該公司的研發主管，或是業務主管，如果真的介紹一班同事加入，在有競業條款的狀況下，企業就有可能與他的前雇主對簿公堂。除非此人真的具備相當好的條件，而企業本身目前或未來也需要這樣的技能與經驗，不然沒有必要冒著與同行翻臉的風險，而接受這樣的人選。

對於企業來說，考慮願意帶槍投靠的人選，要擔憂的往往是後續的問題，而最常被拿出來討論的，就是此人來到公司後，未來會不會也帶著同仁，甚至一整個團隊跳槽到另一家公司呢？

有一個求職者目前為一家公司的業務主管，帶領著十人的業務團隊。他對公司業務獎金的分配感到不滿，讓他覺得為公司賣命多年，卻得不到應有的回報。

他知道公司的競爭對手，近年來業務遲遲無法突破，覺得自己如果跳槽到該公司，應該能夠爭取較好的待遇。於是他決定將履歷寄給競爭對手，而該公司的老闆也就邀請他碰面詳談。

他過去的成績相當不錯，所以讓老闆印象相當深刻，也表達希望他加入的意願。他雖願意加入，但要求比目前高出兩倍的分紅條件，更主動提到自己能夠將原本公司團隊的主要業務人員挖角過來。

老闆本來覺得他可堪重用，但聽到他如此說時，覺得難保他日後也會這樣對待自己的公司，所以思考後還是決定拒絕他的提議，也沒有邀請他加入公司。

商場講求企業倫理，你沒有必要也不應該在求職時，將團隊或客戶的加入視為籌碼，這樣反而容易失焦，也會造成企業對你產生質疑，並帶來負面的印象。

25

先辭職只會給自己帶來沒有必要的求職壓力

在沒有其他工作機會的狀況下離職，就要有承受壓力的準備。如果沒有一個很好的理由，或是優於他人的經驗或技能，就沒必要冒此風險。

衝動辭職是求職的絆腳石，我會這麼說，就是因為有太多人在這樣做後，才知道自己高估了自身的能耐與評價。

如果你在沒有充分的計畫下就辭職，除非你真的非常優秀，不然很快就會發現，如果現在沒有工作，要再找新工作時，真的是一件相當有壓力的事。

有些人總會覺得，如果現有的工作真的很忙碌，使得自己在上班時間沒有辦法請假去面試，所以如果真的想要換工作，還不如先考慮辭職，才能夠全心全意地為面試或應徵做準備。

雖然乍聽之下似乎有道理，但實情是許多人的市場價值，往往是來自於目前工作所擁有的資源，與目前服務公司的知名度，一旦離開後，這個光環也會隨之消失。

而且就算你具備符合企業需求的能力，但因為企業往往有壓低薪資的考量，所以如果真的來到薪資談判的這個節骨眼時，你也可能因為目前沒有工作，只好在薪資待遇上對企業有所讓步。

只要是企業有興趣的人選，應該都會察覺企業會在面試的過程中，特別去瞭解你的離職原因、空窗期間在做些什麼，尤其是目前有沒有面試機會，從這些訊息中，來判斷你的求職進度，也就是你急不急著找到工作。

有一家科技公司的工程師，因為是新進員工，所以總是被安排到人人避之唯恐不及的大夜班時間值班。因為工作時間長的關係，與家人相處時間變少，所以才做了接近半年就想要換工作。

但因為上班時間主管都緊迫盯人，他認為如果要去面試，應該也很難抽身請假，所以便決定先向主管提出辭呈，讓自己接下來可以專心找工作。

辭職後他決定先休息一段時間，而這一休息就超過了三個月，隨著存款即將見底，他終於開始尋找工作。因為有頂尖大學研究所學歷，而且之前也任職於知名大廠，所以他很快地就有幾個面試機會。

隨著面試的結束，有幾家公司對他相當有興趣，但所提出的薪酬條件，竟然都比原先公司來得差。

他對其中一家公司最感興趣，所以詢問是否能夠在薪資上加碼，但對方只冷冷地跟他說，給他兩天的時間考慮，要是他無法接受，這個機會就會給其他人選了。結果他迫於時間與自己的經濟壓力下，只好接受了這份工作。

其實這樣的狀況，在我們的周遭屢見不鮮。如果你的學經歷與工作技能，幾乎完全符合企業所需，那要找到一份工作絕對不是問題。問題反而在於，如果你並非唯一人選，而且目前失業中，那顯而易見的是，薪資談判的優勢絕對不是站在你這一邊。

求職不應該讓自己承受沒有必要的壓力，才能做出對自己最有利的選擇。

26

創業最好與專業連結，日後求職才有機會

創業最好仍是以自己原先熟悉的產業或專業為主，這樣才能進可攻退可守，不會讓自己需要重新求職時，無法說服企業自己仍具備相關的知識與能力。

不是每個人都會在職涯過程中，選擇當一個朝九晚五、領一份固定薪水的上班族。也有愈來愈多的人，在職涯的過程中，選擇跳脫舒適圈，自行創業當老闆，為自己爭取更好的收入，同時實現自我的理想。但創業是艱辛的，大多數人不到一兩年就可能收攤，此時也只好選擇重新回到企業上班。

如果開設的公司所販售的產品或服務，與前一段經歷相關，那可能還沒有銜接上的問題；但如果你創業時所做的產品或服務，與之前的經歷有很大的出入，這段創業經驗往往就變得很難在履歷中解釋，更會成為許多人再度步入職場的夢魘。

而且就算是你開設的公司，所做的產品與目前準備投遞履歷的公司相關，也同樣會遭到企業的質疑。也就是過去你曾有創業做類似產品的紀錄，難保在公司做了一段時間後，又離職出去創業，與公司打對台。

所以很顯而易見的是，一個人一旦下定決心創業，就必定要抱著必須成功的覺悟，因為如果失敗而選擇回到職場，往往都會受到許多動機上的質疑，如為了建立客戶人脈、瞭解核心技術、累積創業資金等。

有個對創業很感興趣的年輕人，因為沒有足夠的資金與人脈，所以一直遲遲沒有這樣做。直到他在科技業工作了五年，覺得自己工時長、壓力又大，累積了一些資金後，遂毫不遲疑地辭職，與朋友合夥開了一間茶飲店。

因為店面的位置鄰近學校，又在夏季開張，所以生意一開始就相當不錯，順利的話半年就可以回本。但隨著天氣逐漸變涼，且無新產品的推出，很快地業績急轉直下，他只好硬著頭皮苦撐，但過了一年還是收攤了。

身上存款已剩不多的他，只好決定先回到自己熟悉的科技業，將自己的收入先穩定下來，未來再看是否有再次創業的機會。為了求職，他只好將這段經歷放入履歷中，免得企業詢問空窗原因。

但找了大半年，都沒有科技公司願意給他機會。我們瞭解他仍有再度創業的企圖心，但因目前欠缺資金與技術，所以建議他先加入一家有連鎖體系的茶飲企業學習，重新累積經驗、站穩腳步，未來再尋求開店的機會。

因為他所做的新事業，與原先的工作全然不同，造成職務上無法銜接，對於企業來說，當然寧可去請其他在這個產業任職的類似人選。

創業後若需要重新找工作，很重要的就是要讓企業瞭解，你從這樣的創業經驗中，獲得的價值是什麼？而創業不管成功或是失敗，原因是什麼？你一定要表現出成熟大方的態度，企業才會願意給你嘗試的機會。

PART 4

決定應徵前，
先評估企業與職缺是否真的適合

27

保護自己的資料，避免履歷在外大量流通

履歷內容是個人的隱私，不應該輕易讓人拿到手，愈少在外流通的履歷，往往愈受到重視，而且更為搶手，請記得讓自己的資歷保留神祕感。

許多人總是會特別執著於某些企業的職缺機會，當然這些企業往往都是相當知名的公司。不管自己是否具備足夠的條件，只要看到有新釋出的職缺，就會想要將自己的履歷寄給對方。

但求職市場是很現實的，眾所皆知的國際企業因為人選眾多，對於人才的挑選更為嚴格，所以適合或不適合，往往看過一次履歷就知道了。偏偏還是有些人，總是以特定幾家公司為目標，當然不管寄了多少次履歷，都沒有下文。

事實上，你如果將同一份履歷寄給企業很多次，很可能反而造成企業人資的困擾，更會將你列入該企業的黑名單；同樣地，如果你一直將履歷重複寄給獵人頭公司，也會造成同樣的結果。

更進一步來說，雖然獵人頭公司歡迎你主動投遞履歷，但太過於主動積極的人，有時並不是企業或獵人頭公司的頭號目標。

企業或獵人頭公司最感興趣的，反而是幾乎或從來沒有投遞過履歷，不需要也沒有轉換跑道念頭的人。這些人往往都有不錯的學經歷，也被自己目前所屬的企業所看重與栽培，所以轉職意願不高，但這些隱藏在產業中的人才，反而是獵人頭公司或是企業所想要挖角的重點。

一家國內網路公司的主管，某天接到一通國際知名網路公司打來的電話，介紹他一個高階主管的職缺。

他感到相當訝異，畢竟自己從沒有投遞履歷給該公司，所以不知道該公司是從哪裡取得他的聯絡方式，第一時間就下意識地先拒絕這個機會，但這家公司的人資並不死心，希望他考慮三天後再打電話給他。

事實上，他覺得目前工作沒有新挑戰，內心其實想要嘗試看看新工作，但又不想輕易將履歷給不熟悉的對方，於是來找我們討論，看要如何處理這個工作機會。我們建議他先不用急，可以先瞭解該職位的工作內容，與對方能夠開出的條件再說。

所以該公司三天後打電話給他，他就請人資提供更多關於工作與薪資範圍的資訊，卻沒有答應提供自己的履歷，只跟對方說會再想想看，希望能夠更慎重地去考慮這個機會，時間就這樣又過了一個月。

因為他不輕易地提供他的履歷，更引發這家公司瞭解他的欲望，一個月之後，該公司直接請總經理打電話給他，最後更是提出「薪水由他開」的條件，而最後他加入該公司時，拿的薪水竟是原先開給他的三倍！

你要審慎管理自己在外流通的履歷數量，你如果夠有自信，除非有合適且很有興趣的職缺，不然不要輕易釋出你的履歷。愈稀有、愈有實力的人才，往往是企業最想要的人選，當然也會更願意給優於市場的條件。

28

轉換跑道，一定要慎選適當的時間點

轉換跑道要選在最有利於自己的時間點，以自己的專業能力與經驗，與目標企業的發展週期為考量，來衡量自己如果將履歷寄出，是否能夠得到回音。

每個產業乃至於企業都有自己的成長週期，在每個不同的階段，所需要的人才也不盡然相同。比如說企業才剛成立，一切都在起步的階段時，最倚重的人才為技術類人才，自然需要大量的研發人員加入。

隨著研發團隊逐漸到位，同時也會需要後勤團隊的支援，包括財務、人資、總務等各方面的專才都不可或缺。而待研發完成到一個階段後，產品有可能即將推出，就會需要能夠對外銷售以及宣傳行銷的人才。

以這樣的例子來看，每家企業都需要依照其生命週期，來招募不同功能與經驗的人，所以你如果要找工作，重要的是要先評估自己所具備的經驗與技能，是否會成為這家企業在該階段所倚重的人才？

在考慮新工作時，必須瞭解該公司與其產品或服務，正處於產業生命週期的哪個階段。所以你一定要全盤掌握公司的新聞，尤其是公司的營運狀況，來預測下一個階段，它們所需要的人才會是哪些。

特別是對事業極具企圖心的人，沒有必要選擇在不利於自己的時間點，可能只是因為多了些薪水，而做出輕率的選擇。如果你無法確定自己進去一家企業能夠被倚重，那對你未來的職涯發展將不會有利，更有可能很早就宣告離職。

有一位大型上市企業的業務主管，工作與收入都相當穩定，但他覺得這樣下去，薪資很難有所突破，所以開始想要尋找新的機會。由於他的職務一直以來都是業務，所以就往這個方向去尋找。

因為他的產業經驗豐富，所以很快就得到了兩個錄取通知，其中一個為成立二十年的上市企業，另一個為剛成立不到半年的企業，但該公司的投資者為一家上市企業的老闆。

他覺得要是有機會，可以跟公司一起成長，未來的薪酬回報將會比一個穩定的企業來得高。加上剛成立的企業，背後有個資本雄厚的老闆，所以可預見的未來，工作應該有一定的保障。

然而，進去後他才發現公司產品仍不穩定，還不能大量生產，但老闆野心勃勃，一邊要求研發加快腳步，一邊就開始招募業務人員，但產品卻遲遲無法順利推出。

一開始他也有些擔心，但又自我安慰再不久產品推出後，業務就會開始忙碌起來，沒想到撐了半年，產品研發一直不夠好，老闆覺得這樣燒錢下去也不是辦法，所以決定解散公司，而導致失業。

所以，求職和跳槽的時間點，一定要選擇在最適合自己狀況的黃金時間，更要選擇去目標企業最適合的時間，才能夠讓自己求職更為順利，同時降低新工作可能帶來的風險。

29

徵人廣告上的條件，並非所有要求都必須具備

企業徵才廣告中的人才條件，大都是描述一個心目中完美人選的樣貌，並不一定是非具備不可的條件，所以不需因為不符少數資格而輕易放棄。

有些企業在招募廣告中列出人才條件時，往往描述得相當簡略；當然也有許多企業為了避免收到眾多不適合的履歷，所以在尋找人才時，往往就會在招募廣告上，列出許多應具備的條件。

由於條件描述得相當仔細，所以部分有興趣的人，往往就在充分瞭解、逐一比對後，發現自己沒有完全符合，而決定不投遞履歷，這樣就有可能使得自己失去潛在的工作機會。

企業如果細心完整地列出人才條件，你可以將之視為該職務最完美的人選，但這只是企業的一個理想目標，而目標與現實往往還是有一定的落差，所以通常企業最終找到的人才，並不會十全十美地完全符合。

所以，要是每個人光看到企業所列出的人才要求，就自忖自己並沒有完全符合，而放棄這個機會，那就真的太可惜了。

當然，也不是說你只符合一兩項要求，就可以毫不考慮地投遞履歷應徵這份工作，那樣也是不行的。畢竟所有的人才要求中，有些條件是必須要具備的，有些條件是加分的，有些是可有可無的，有些甚至是完全沒有必要的，重要的是你需要能夠審慎分析，哪些人才條件才是這個職位不可或缺的部分。

有個求職者對一家公司的專案企劃工作感興趣，該公司在職缺廣告中列出十來項條件，他看過這些條件後，自忖自己並沒有完全符合，特別是該職位有英文方面的要求，但因為他的英文並不是特別流利，幾經思考就決定先不要將履歷投遞過去。

但經過兩個禮拜後，他看到這個職缺仍在刊登，於是來詢問我們的意見，評估自己是否有機會。我們瞭解該公司的客戶主要都是國內企業，使用英文的機會應該不多，所以建議他嘗試看看。

他如實地在履歷中提到自己的英文並不流利，但具備其他該有的經驗。將履歷寄出後，出乎預料地，對方仍邀請他去面試。

面試主管對他的工作經驗相當滿意，因為他曾經幫許多公司做過企劃案，所以職務技能相當全面。主管也跟他說，假如他的英文流利當然是加分條件，但事實上，英文在這份工作上用到的機會並不多。

雖說如此，他還是認真地表達加強英文能力的意願，提出一個完整的學習計畫，主管被他積極的態度打動，所以就毫不猶豫的給了他這份工作。

只要自身具備該職務的核心經驗與能力，那就建議你大膽地嘗試應徵該職缺，而不要因為自己沒有符合所有的條件，就在那躊躇不前，那反而會失去許多本來該屬於你的工作機會。

30

地雷公司處處有，求職前要先做好功課

人人都喜歡到知名公司任職，但有名氣的公司並不代表一定是好公司，選擇接受職位前建議先多方查詢資料，確保自己充分瞭解該公司的業務與計畫。

每個產業中都有較為知名的公司，求職者往往也都會將這些公司列為求職首選，但其實每個人都知道，就算是財星五百大企業也有可能發生弊案、爆發財務危機，所以除了挑一份適合自己發揮的職缺外，更重要的是選到一個正當的企業。

相信求職者都會有一個共同的疑問，那就是到底如何去分辨可能會「出事」的公司？從網路或來自於他人的小道消息，有些是可以採信的，也有些是人為捏造的，所以如何客觀地去判斷，對求職就甚為重要。

只要是公開發行股票的上市企業，就有相當多的脈絡可循，特別是從公司已經被審計的財務報表中，包括上年度與本年度的報表，以及近期的季報、股票交易的狀況，往往都可以看出許多端倪。

比如說，如果一家公司的股東，特別是主要股東的持股比率持續下降，包括機構投資公司也持續地出脫持股，或是階段性地出脫股票，這就是一個警訊，就算企業有再好聽的聲明，你也可以合理懷疑他們的營運狀況。

而從董事會的成員來看，如果董事會為一言堂，成員為主要股東所指派，且主要股東握有絕對的權力，更時常對投資者講出做不到的承諾，所提的營運目標也往往無法順利達成，頻頻調降財測，那就是一家很難讓人信賴的企業。

當董事、財務長離職，以及更換會計師時，這也可能代表著公司有一些內情，更重要的是如果母公司底下，同時設立多家投資公司，有許多複雜的海外轉投資，你就要更為小心。

有個專業經理人通過層層面試，成功錄取兩家公司的高階主管，而這兩間都為上市公司，他得到這樣的機會後相當開心，但也因為這兩間公司所給的薪資條件都差不多，讓他難以抉擇，所以詢問我們的意見。

這兩間公司所研發的產品與市占率相差不大，但其中一家公司近期宣布，未來計畫要跨入不同的產業，這也代表著公司的資金會有部分要用來支援新事業的成立，但這新事業預計需要上億美元的資金投入，而且預估要五年後才會開始獲利。

我覺得這個計畫存在著極大的風險，所以建議他選擇另一家公司的工作機會。才過了一年，那家跨入新產業的公司，就因為資金被套牢而發生財務問題，甚至拖欠員工的薪水，所以這個專業經理人真的相當慶幸當初所做的選擇。

如果你無法確定如何選擇一家適合你的企業，那就建議你選擇一個專注經營本業的公司。如果有面試機會的話，最好要求與該部門的同事談談，瞭解公司與部門的狀況和文化，及主管的管理風格，再決定這是否為一個適合自己的職缺。

31

來自獵人頭公司的職缺，除了好的更有壞的

獵人頭公司所介紹的職缺，雖然絕大多數都是正當有水準的職位，卻也有相當一部分的企業或職位，隱藏著許多問題，所以一定要審慎考慮。

一般人都會追逐來自於知名上市企業，或是外商公司的職缺，畢竟這樣類型的公司有較大的名氣。如果有機會爭取這樣的職位，大多數人往往都會樂意嘗試，只要面試過程感覺不錯，最終也會傾向接受這些公司的工作機會。

雖說大公司對求職者而言，少了許多不確定性，但這並不代表這家公司或是它的職位一定沒有問題。許多上市企業或外商公司都會委託獵人頭公司求才，而之所以會請獵人頭公司尋找人才，原因往往相當兩極化。

一般正常的狀況是，因為該公司需要最頂尖的人才，所以需要專業「獵手」來代為物色。另一方面的委託原因為，該公司找人才遇到困難，當然這有許多原因，比較正常的原因，就是該人才的條件相當特殊，而市場中適合的人選相對稀少。

但另一個比較負面的原因，就是該職務所屬的部門單位，主管、團隊或是產品有某種問題，造成偏高的員工流動率；或是該企業的文化，難以留住或吸引特定的優秀人才。

對於獵人頭公司來說，一旦收到企業的求才委託，不管這個企業或職缺是好是壞，他們往往照單全收。畢竟他們的工作不是評論一個職位的好壞，而是找尋一位願意接受這樣企業與職缺的人選。

要做到如此，獵人頭公司往往就會想盡辦法，讓人選對這個職位產生興趣。所以你如果真的得到這樣的工作，可能一開始還在高興獵人頭公司介紹職缺給你，但接下來就會發現許多狀況與問題，此時才開始懊惱，為何當初自己不夠小心。

有一個優秀人才從國外回來後，在一家新創的雲端軟體公司擔任軟體開發總監。他只做了一年，就有一家獵人頭公司介紹他一家全球頂尖軟體公司的主管職缺。

他去面試後覺得有點興趣，所以來詢問我們是否該考慮。我們知道他的個性崇尚自由，喜歡自在的工作環境，而該公司是一家紀律嚴謹，有諸多規矩的公司，所以並不適合這樣個性的人發揮。

沒想到，該企業開出比他目前年薪高出兩倍的條件，及彈性的工作時間，加上獵人頭公司在旁說服，所以他就決定接受這個職缺。

開始上班後，他發現雖然上班時間可由自己安排，但上司卻按時追蹤他的行蹤與專案進行的狀況，讓他難以忍受，總覺得時間都花在報告進度，無法按照自己的安排完成工作，所以在那只待了兩個月，就決定提出辭呈。

所以，不要輕易信任獵人頭公司介紹給你的工作，特別是在市場上遲遲找不到人選的職缺，或是有找到人選卻做不久的職缺。企業需要獵人頭公司協助，一定有它的原因，掌握職位的需求與狀況，你才能夠客觀斟酌該職位是否值得考慮。

32

現有的職稱與薪資，應該要符合自身的資歷

職稱與薪資應該要符合自己的資歷及產業的狀況，過於誇大的職稱、與產業行情不符的薪資條件，在接受前一定要先考量是否對日後求職帶來影響。

有經驗且具備產業情報的人資專家，都會很清楚同時也能夠推算，目前在求職者所處的產業中，大概的薪資水準是多少。對於求職者而言，有一個很重要的課題，那就是在職涯的歷程中，必須確保你的薪資，合理地反映出你的職等或年資。

這雖然聽起來是件理所當然的事，但因為每家企業的人才與薪資政策有所不同，所以往往會衍生出許多出乎意料的狀況。

最常見的狀況有兩種，比如你目前的薪酬條件低於此職務該有的水準，所以你去找工作時，對某些求才企業來說，可能解讀成你的年資與能力，不具備該職務的資格，所以除非你願意接受較低的職位，不然可能就會造成轉職的困難。

而另一種狀況為，你在現有的職等上，所拿的薪資條件比同業優厚，所以如果要離職，除非你願意接受較低的薪資，來換取新的發展機會，不然往往會被目前的薪資所局限，無法說服自己轉換跑道。這都是你日後跳槽時，可能會遇到的問題。

有一位加入公司不久的業務專員，雖然資歷較淺，但他每季所創造的業績，已經超過了他的主管。在公司任職即將屆滿兩年時，他終於下定決心，尋求更大的舞台發揮，而向老闆提出了辭呈。老闆知道他是個人才，但因為年資尚淺，也不方便升他為主管，所以提出了一個讓他難以拒絕，超過市場平均一倍的薪資條件。

他最後雖然為了錢決定留下，但畢竟是個相當有能力的人，希望自己能夠盡快晉升為主管，公司的體制政策卻無法允許，所以一年後他又決定提出辭呈，這次老闆知道留不住他了，所以也只好忍痛接受。

因為能力佳，所以他不乏面試機會，也因為相當有自信，認為自己超出市場的薪資是合理的，因而對此相當堅持、也不想讓步，每當求才企業瞭解他的期望薪資後，因為公司對同等的職缺有一定的預算，最後也只好跟他說謝謝再聯絡。

在他一再碰壁後，我向他分析了市場上同等職位的薪資，他才意識到自己的薪資與職等不符的問題。他的薪資已經是主管層級，他的業務能力雖強，卻不具備管理領導經驗，所以膨脹的薪資反而成為他求職心態上的阻礙。

最後他終於接受建議，先接受了一個資深業務專員的職缺，薪資雖比原先低，但該職位願意給他機會帶領團隊，讓他累積領導經驗。三年後他不但有了管理經驗，加上原先的業務能力，薪資條件比原先更佳，同時也晉升為名副其實的經理。

所以，千萬不要被好聽的職稱所迷惑，或是更多的錢沖昏了頭，只有循規蹈矩地累積自己的年資，踏實地賺取符合自己資歷的薪資，未來在轉換跑道時，才不會產生困擾與阻礙。

33

想回去之前的公司，就要考量發展機會與信任度

每個人的職涯應有一個明確的規劃，如果想回到過去所服務的公司，尤其是過去所做的職務，那一定要考量公司是否能給自己足夠信任與發揮空間。

有的人離開之前服務過的公司後，過了一段時間，該公司有了一些新的變化，未來發展變得相當看好，他們就會不禁思考，自己是不是該再次回去原先的公司？

也有的人離開原先的公司後發展不如預期，又不知有哪些機會適合自己，同樣也會認為，是不是回到原先的工作會比較好？

一般人對於「吃回頭草」的態度，往往都會比較保留。畢竟你應該要先問自己，考慮回去原先的公司，是否因為在求職市場上，真的沒有其他更適合發展的職缺與企業？

如果在市場上仍有合適且具發展性的機會，那你就要先自我瞭解，為什麼明明就有其他的工作機會，而自己卻想要回去原來的公司？這往往也反映出自己可能在職涯的發展上，陷入一個尷尬的階段。

雖說有相當比例的企業，會向員工傳達就算離職後，公司仍舊歡迎他們回來的訊息；這種情況雖然並不鮮見，也有許多人重新回去後得到企業的重用，但這樣圓滿的事情不是天天都會發生。

如果你回到原先的公司，是因為公司私底下聯繫你，主動邀約並提出無法讓人拒絕的薪資條件與更好的職務，那當然是比較理想的狀況。但如果是你自己主動與原先的公司聯絡，首先要探討的就是自己回去的目的。如果回去之前的公司，所擔任的職務跟原本的一模一樣，那這樣就完全失去意義。

有一個人離開上一家公司之後，跳槽到目前這家企業。因為兩家公司分別為業界中的前兩名企業，彼此是競爭對手，所以他離職這兩年期間，也不好意思再去跟原先的同事接觸。

但近期他所在的公司狀況不佳，使得他萌生去意，同時也看到新聞，知道原先的公司有新的發展計畫，準備大舉招兵買馬，尋找人才加入，所以讓他有了回去原來公司的念頭。

由於他不知道這樣是否妥當，所以來詢問我們的意見，我建議他應該也同時考慮其他公司，特別是能夠讓他職等往上晉升的公司，結果他最後卻做了最不需思考的決定，也就是把履歷寄給了以前的公司，而公司也欣然答應，結果他回到原來的團隊，仍是擔任同樣的職務。

他雖加倍努力工作、力求表現，但公司卻始終將較為重要的大客戶，指派給其他在公司待得較久的同事，顯示出對他不夠信任。撐了半年後，他知道這樣下去難有突破，只好黯然離職。

畢竟因為你曾經離開過，要重新贏得公司對你百分之百的信任，往往並不是那麼容易。不是說不能回到原先的公司，重點在於接受這樣的機會，在可預見的未來，公司是否願意提供更多的發揮空間，這才是將原先公司列為求職選項的考量重點。

34

派遣工作會被錯誤地解讀，影響求職的定位

派遣工作應永遠視為最後的工作選項，除非萬不得已，千萬不要以派遣員工的形式，來接受任何工作職務，因為一旦答應後，派遣的影響將會揮之不去。

求職市場上除了只專注在藍領派遣業務的人力仲介公司，也有許多具規模的獵人頭公司，提供企業白領人力派遣服務。

有許多人會感到疑惑，獵人頭公司不是只提供專業或是高階的職位嗎？有的獵人頭公司說法為：「這樣我們就可以提供給每個人更多元且更多的工作選擇。」乍看是這樣沒錯，但我看到的狀況是愈來愈多獵人頭顧問，為了賺取更多的獎金，而天花亂墜地推薦手邊現有的職缺。

我時常見到有些求職者，學經歷都算可以，年紀也才剛踏入中年，卻在職場上發生了一些狀況，結果造成較長的待業空窗期，讓自己尋找工作增加了一些難度。結果他們一急起來，就去找獵人頭公司幫忙，某些獵人頭顧問想也不想，便建議他們先做派遣的工作。

這些顧問會千方百計地說服你：「反正一般正職的工作，一時之間也沒有合適的選擇，乾脆先做短期派遣的工作，這個短期派遣的工作到期後，有很大的機會能夠轉成一般的正職」，結果有許多人不堪慫恿，就真的先接受了派遣工作。

如果你真的有經濟上的壓力，沒有辦法再繼續等待，那也無可奈何，但要是沒有一個迫切的理由，我就非常不建議這樣的決定。因為等派遣到期後，八九不離十，絕對沒有轉正職的機會！

有個求職者才剛過四十歲生日，所服務的公司被廠商倒帳，使得公司周轉不靈，只好結束營業，一群在公司服務超過十多年的員工，也都被迫重新找工作。

他是滿樂觀的人，以為這個產業應該都會持續招募人才，既然發生這個狀況，因為之前工作真的很辛苦，所以乾脆給自己放了一個長假，帶家人一起出國遊玩，優閒了八個多月，再開始重新找工作。

結果，這段時間產業狀況不佳，幾乎所有公司都暫停招募人才，使得他空有一身本領，卻沒有公司願意給他機會。此時他找上的獵人頭公司，就建議他先做一個短期派遣的工作，不要讓自己的履歷再空白下去。

無奈之下，他只好接受了一個三個月的短期工作，結束之後仍然沒有正職的工作機會，結果同家獵人頭公司又介紹了一個六個月的派遣工作，他後來陸陸續續的幾個工作都是派遣形態，迫使他只能選擇以派遣的方式，繼續在產業中生存。

我看過一些「職場專家」建議年輕人畢業後，如果不知道自己的職涯方向，可以透過短期派遣，嘗試不同的工作機會後，進而找到求職目標。然而，從企業人資或獵人頭公司的角度來看，這是一個錯誤的觀念。一堆短期的派遣工作經歷，反而使得你的履歷雜亂無章，更會影響日後求職的效果，所以請盡可能地避免做派遣工作吧！

PART 5

投一百份履歷，
不如寫一份無懈可擊的履歷

35

以履歷表展現出誠意，以內容顯露出個性

企業只會把工作機會給予感覺對的人，所以履歷內容應該要樸實真誠，切勿過度行銷給人壓迫感，更要讓人感受到應徵這一份工作的誠意。

企業或獵人頭公司平均花多少時間看一份履歷？每個人都會有不同的答案，但你最可能會聽到的時間不是以「分鐘」計算，而是以「秒」來計算。

在那短短的數十秒內，你的履歷想要躲過被拋棄的命運，往往就只能靠吸引人的學經歷，及你對於這份工作的「誠意與熱情」。

所以你如果只是一味地按照人力銀行的制式表格來填寫履歷，在這樣一個沒有生命力的呈現方式下，你很難在字裡行間，讓人感受到你想要應徵這一份工作的誠意。

履歷表是面試機會的敲門磚，更代表你個人的門面形象，但是在一個制式化的框架下，你想發揮表達的內容，一定會有所局限，讓你無法在這制式履歷中展現出亮點。

所以，你必須寫出一份跳脫框架的履歷。你不需要搞怪，也不需要一些新奇的創意，但在寫履歷之前，要先思考對應徵這份工作的期許和想法是什麼？在這樣的基礎下，你要怎樣凸顯自己的優勢、長處和個人特質，而這些特點，跟企業需要的人相較起來，是否有共通性？

在你將這些亮點寫入履歷時，內容的呈現除了要讓人感受到滿滿的誠意外，切勿把自己的履歷做得像廣告型錄一樣吹捧自己。如果用太花俏的手法推銷自己，就很容易讓人產生反感，甚至不信任感而造成反效果。

有個求職者在某間企業擔任行銷主管，由於他想要轉換跑道，所以決定將自己這多年來的工作經歷，好好地在履歷中展現。寫完後他一次又一次地確認，自己的履歷有完整涵蓋所有的成就。

結果履歷寄出後卻乏人問津，但他不知原因為何，畢竟自己很努力用心地寫了所有的內容，但我們看了之後，卻發現這份履歷有一個很嚴重的問題。比如履歷的開頭就這樣寫著：「你要找業界最強的行銷天才嗎？你要找能夠為你賺最多錢的員工嗎？那就請你往下看……」

接著，工作成就中則敘述著：「第一個代表公司參加……、第一位獲得某某獎項……」看完他的開頭與成就的敘述方式，很明顯地他把自己當作中心，把自己視為最棒的商品來推銷，但他的敘述有如產品廣告單的推銷話術，讓人感覺華而不實。

我要他回到自己最「單純」的那一面，重新寫這一份履歷。重心不是聚焦在自己多厲害，而是先去想想企業的需求，自己有什麼亮點可以分享，同時去除掉廣告意味濃厚的內容，最後就順利地得到面試機會。

從履歷的撰寫，就能看出你對應徵這份工作的誠意，還有你的人格。在你寫履歷之前，一定要先問問自己，你想讓企業看到什麼樣的人。

36

履歷不是產品規格說明，而是產品賣點文宣

履歷要能夠在短短的數秒內，就能夠吸引企業人資的興趣，讓企業瞭解自己有何過人之處，而不是讓企業瞭解自己只具備基本的技能與經驗。

履歷確實是要描述「自己」，但這並不代表你應該要用自己的角度去撰寫這份文件，而是應該用徵才企業的角度，來思考對方需要什麼，自己能夠提供什麼。企業往往沒有時間也沒有耐心，所以你的每句話都要是重點。

曾有企業與新人面試，是直接在電梯裡擺放了桌椅，要求他們在六十秒內，在面試官前做一個「電梯簡報」（Elevator Pitch），而你的履歷就如同你對企業人資所做的「電梯簡報」，但差別在於你的這份簡報，企業只願花比六十秒更短的時間來看。

所以不管申請職缺的高低，就算只是一個行政小助理，你永遠要抱著一個心態：跟您申請同樣職缺的人，都具備不輸給你的條件，所以當企業人資的目光放在你履歷上的數秒到數十秒內，你到底要強調什麼？

如果你如同九九％的人，只是將自己的工作職責列出來，那人資目光一掃，大概十秒鐘內就把你的履歷擱置在一旁了，他們根本不會想要花時間，把你的履歷完整地看完。

因為你的履歷中，沒有提供他們想要閱讀的誘因，誘因就是他們所迫切需要的東西，也就是你將如何創造價值？你將如何幫助公司成長？履歷不只是關於你，更大一部分是關於企業，你要與企業的需求有所連結。

所以寄履歷之前，一定要先瞭解你準備應徵的產業，掌握這個產業所需要的技能和發展趨勢，再看看企業的網站，找出需要招募此職缺的主管，看看他是否有在網路上發表過文章，瞭解他們的想法，就能投其所好地在履歷中，強調主管可能會感興趣的個人經驗。

有個求職者一直想要應徵一家公司的工作機會，但履歷寄出後卻總是沒有下文。於是他來找我們諮詢，我看過他的履歷後，就發現他跟大多數人一樣，只是將自己的工作內容列出，看似完整，卻相當單調乏味。

我要他先想一想，自己的能力與經驗，在這個職缺中，將會如何體現出他的價值？我要求他詳讀工作描述和企業所提到的加分條件，判斷該企業想要聘用的人，所需要具備的特質。

因為他目前的履歷，只是告訴企業他能夠做些什麼，我要他告訴企業他能夠做到多好，而且比任何人都傑出。透過履歷的改善，讓他的經驗與目標職缺的需求相符，讓企業人資能夠輕易地抓到亮點，他也就很快地獲得青睞。

所以準備動筆寫履歷表前，先挑戰自己本位主義的思維，想一想企業需要的到底是什麼，而不只是想自己要什麼。你如果能夠從企業的角度思考你的履歷，你會發現你往後申請工作將會無往不利！

37

履歷中的遣詞用字要精準，表現對企業的尊重

履歷中的遣詞用字，一定要顧及企業收到履歷時的感受，尤其是讓對方感覺到對它們的尊重，如果能夠做到如此，就一定比他人多一些勝算。

履歷的內容，除了可以表現出對於應徵職缺的重視外，也能夠顯示出對於應徵公司文化背景的尊重。然而，卻只有掐指可數的人，會因為投遞職缺的對象背景，調整履歷中所使用的語言。

大概許多人都認為他們有做到這一點，比如申請國內職缺就用中文履歷，申請歐美外商職缺則使用英文履歷。但他們往往忽略掉，事實上就算是英語系國家，美式英文與英式英文的用字與拼法也會有所不同。

你曾經因為準備申請的企業是來自於英國，而主動將履歷中的美式英文拼法改成英式拼法嗎？就算是在亞洲，官方使用的英文也不太一樣。比方說國內習慣的是美式的英文用語與拼法，而香港與新加坡慣用的，卻是英式的用語與拼法。

此外，使用中文履歷的地方，也只有中國與台灣，但如果你要申請中國企業的工作職缺，卻提供繁體中文的履歷；申請台灣企業的工作職缺，卻提供簡體中文的履歷，那結果可想而知。

除了不同地方的文化外，你更要考慮企業的屬性，比如就算是在中國，外商職缺也可以只用英文履歷申請；但如果你是要應徵在香港的中國企業，就算職缺是在香港，你也要懂得提供簡體中文履歷，所以文化敏感度甚為重要。

有位外商公司的副總裁，在目前的公司服務了很長一段時間，他得知有一家知名的中國企業正在尋找亞太區總經理，希望自已在退休前能夠再挑戰一次，所以便決定投遞履歷給對方。因為他在香港工作，同時又是在外商，書信往來都習慣使用英文，寄出的履歷表，當然毫不意外的是英文履歷。他盤算著自已的學經歷，一定會讓這家企業大為驚豔，不出幾天就應該會有消息。

他本來覺得這個職位非已莫屬，沒想到過了一個多月，卻仍是音訊全無。因為他真的對這個職位相當執著，所以來尋求我們的意見，想知道要如何得到面試機會。我們首先建議他，有誠意地寫一份簡體中文履歷給對方。

他覺得這樣做是多此一舉，因為據他瞭解，這家企業的管理階層都是國外留學回來的，英文都相當流利，便認為英文履歷根本不是問題。

在我們的堅持下，他還是準備了一份簡體中文履歷寄了過去，果不其然，隨後就有了面試的機會。而面試時對方也跟他強調，他們要找的是一個具備文化敏感度的跨國經理人。

所以你一定要能夠瞭解，每一份投遞出去的履歷表，使用的語言必須適合這個企業、產業，乃至於這個國家與地方的習慣，所以履歷千萬不可以千篇一律，一定要懂得調整遣詞用字，才會吸引更多的工作機會上門。

38

人力銀行的制式履歷，並非適當的求職工具

履歷不須標新立異，但一定要跳脫表格框架，如果只會填寫人力銀行的履歷表格，不斷使用這樣的履歷求職，那將會失去許多寶貴的機會。

隨著人力銀行如雨後春筍般出現，現在的求職者已經過度倚賴線上履歷來申請職缺了。我身邊有許多企業人資也都不禁開始發牢騷：「為什麼現在的求職者都只會用制式化的人力銀行履歷，而不是構思一份自己的履歷表，告訴企業他們到底與其他人選有何不同？」

事實上，許多全球最頂尖的企業，不管是什麼產業，都有一個共通點，那就是它們都需要創新、能夠跳脫傳統框架思考的人才。所以對它們來說，如果求職者只會使用人力銀行履歷來求職，代表這個人的思維與做事能力只算平庸。

不管你是否同意這樣的觀點，希望你至少能夠對這樣的論述有所省思。畢竟寄履歷給企業，目的就是要凸顯你的能力與經歷，當企業收到的履歷幾乎都一模一樣，如果你的學經歷跟其他的人選差別不大，那用同樣的表格、填寫類似的內容，如何得到企業的青睞呢？

絕大多數的企業，不管是什麼樣的職務，都會希望來應徵該職位的人選，是個萬中選一的人才。假如這些人選都是以同樣的方式來申請工作，那要如何展現出高人一等的能力？

有個具備國外知名研究所學歷的求職者，畢業回來後先到一家上市公司工作了五年。在他即將滿三十歲的這年，他決定嘗試看看，是否能夠進入一家他心儀已久的外商公司。

因為他當初回來時，就入境隨俗地跟其他求職者一樣，在人力銀行網站上註冊，使用人力銀行寄履歷給企業，而成功找到目前的工作，所以這次轉職也想如法炮製。

他自認自己的經驗與技能，跟該公司職缺描述中的需求完全符合，所以很有自信地寄了一份資料齊全的線上履歷給對方。寄出後等了一個多月，卻還是音訊全無，他開始感到憂心，思考到底在哪一個環節發生了問題，但隨著時間的流逝依然沒有下文。

他決定來找我們探究原因，我們知道他想應徵哪間公司後，發現該公司恰好是我們的客戶，所以我們清楚那一間外商公司，根本就不欣賞人力銀行履歷的申請方式。所以我們就協助他重新打造一份客製化的履歷，且不透過人力銀行線上申請，直接寄到該公司的人資郵件信箱。

履歷重新寄出去後，他就接到這家外商公司的面試通知，最後也順利地進入這家企業。千萬不要一味追求投遞履歷的方便，因為有規模的企業，每天人資至少都會收到上百封履歷，在人力銀行履歷充斥的狀況下，你的履歷表一定要有與眾不同的質感、專業的內容與編排，才能夠吸引企業人資的目光。

39

拒絕自拍照，履歷照片就是要營造專業形象

如果要在履歷表上放照片，就要呈現出專業的形象，衣著風格與目標企業或職位的穿著須畫上等號，這樣的照片才有加分的效果。

很早就有明文法令規定，企業不許以求職者的五官容貌為由，而予以就業上的歧視；但話雖如此，國內的許多企業仍會對求職者提出這樣的要求，甚至採用以貌取人的方式來篩選履歷，這是我們相當不樂見的現象。

當然身為求職者的你，絕對有權利拒絕企業的要求，但如果你認為提供照片，將會有機會讓你的履歷增加印象分數，也可以選擇這麼做。

如果是如此，你就一定要瞭解，「一張照片勝過千言萬語」，照片所帶給企業的印象，有時會比在履歷上的文字敘述更具影響力，這一張照片，往往有可能決定你是否有面試機會。

相信每個人都知道，如果要拍一張用來求職的照片，男士可以穿著襯衫、西裝與打領帶，而女士就以素雅的套裝形象為佳，這是求職照最安全的法則。這樣看似相當簡單的拍照規矩，在最近我所看到的履歷中，卻幾乎都沒有人遵守。

就是因為智慧型手機的盛行，讓拍照愈來愈方便，所以許多人就乾脆在履歷中放上自拍照。除了穿著過於休閒，姿態與拍攝角度也都千奇百怪，眼睛焦距與身體距離也不自然。企業一旦收到這樣的履歷，一定都會感覺不受尊重。

有一個在法律事務所擔任資深法務專員的求職者，因為曾參與過多個專利訴訟案，已累積了一定的專業知識與經驗，在律師事務所服務數年後，希望能夠進入一般企業的法務部門服務。

因為他假日會與朋友到海邊衝浪，所以他想要凸顯出自己雖然身在法律界，但事實上是一個相當活潑的人。所以在履歷中，除了提供他的工作經歷外，也放了一張自拍照，是一張戴著太陽眼鏡、裸著上身、手上拿著衝浪板的照片。

他認為這樣的照片，能夠讓企業覺得他是一個動靜皆宜的人，結果履歷寄出後都沒有回音。他覺得相當奇怪，我們問他應徵過哪些企業，才發現這幾家企業都是相對保守的傳產製造業。

由於他的學經歷真的沒有太大的問題，所以我們只給了他一個建議：如果他真的想嘗試應徵這幾家企業，而且想要放上照片，那就請他拍一張正式專業的西裝照，以專業法務人員的形象來申請這份工作，結果當然就順利得到面試邀約了。

每當畢業季到來，都會看到幾乎所有準備踏入職場的年輕人，履歷中所使用的照片，都是千篇一律的學士照。其實只要稍微用點心，拍一張正式的西裝照，就可以讓自己立即與其他年輕畢業生有所區別。

不管是什麼年齡，每個求職者都要讓企業感受到，你的照片所呈現出的感覺，是一位能夠代表公司的人，同時也是一個專業穩重的人。

40

—

求職目標，需要讓人一眼就清楚明瞭

求職目標最忌含糊不清，企業人資不會把時間，花在一份目的不明的履歷上，所以請清楚地告知企業，你的履歷是用來申請哪一個工作職缺。

有相當多求職者，在履歷的一開始就會寫上一段「求職目標」，而這樣的求職目標，它的內容敘述可能類似：「想在一個可以不斷提供學習機會的企業中，努力工作與成長，讓我的知識和技能能夠為企業帶來重大的貢獻。」

這樣的求職目標，乍看之下似乎充滿著理想與抱負，但相信每個人讀完後，應該全然無法理解，這個求職者到底想要表達什麼？尤其是他想要申請什麼樣的工作機會？

事實上，履歷中是否要寫求職目標，並不是絕對必要的；但一旦決定要寫，就要能夠提供讓人看一眼就清楚明瞭的敘述。

對於無法在履歷中清楚闡述求職目標的人，往往並不瞭解自己喜歡什麼，或是擅長什麼，導致一開始就不知道他們要追求什麼樣的職務。所以只好寫一段似是而非的目標，看是否剛好有企業需要類似的人才，提供他們可以發揮的職務。

企業人資的工作，並不包括幫助你指引職務方向，這不是企業人資的職務範疇；就算你是去找獵人頭公司，它們也只會提供簡單且主觀的建議。你到底要走哪一條路、做什麼樣的工作，最終握有決定權的仍然只有你自己。

有一個具備產品企劃、業務銷售、行銷廣告經驗的求職者，過去曾在廣告與公關公司任職，目前也擔任營運主管多年。

他看到一家企業所刊登的職缺，感到相當有興趣，因為這家公司大舉擴張的關係，所以正在尋找包括業務行銷與產品管理等不同職務的高階主管。

由於他的經驗都相當符合這些不同的主管職位，他也不想多加設限，就寄了履歷過去，其中放了一段求職目標：「尋求業務、行銷、產品、專案管理等主管職務」，結果履歷寄出後都沒有下文，他相當納悶到底發生了什麼事。

看到他在履歷中所描述的求職目標，我就建議他把那段話拿掉，清楚地只選擇一個最有興趣的職務來作為求職目標。後來他重新投遞這份履歷，並在求職目標中註明，他對於「產品管理與開發」的主管職位特別感興趣。

因為自己要申請哪一個職務相當明確，企業也很清楚要把他放在哪一個職位，所以很快地就獲得這個主管職缺的面試機會，也成功得到這份工作。

關於求職目標的敘述，應該要言簡意賅，一句話就讓人瞭解你想要的工作，比如是什麼樣的產業、職務性質、位階乃至於工作地點。舉例來說：「在財星五百大的食品公司，擔任派駐香港的產品經理。」

相信透過這樣的一段話，你就能夠讓任何企業輕易地瞭解你的求職目標，而縮短評估你資歷的時間。

41

技能摘要是要凸顯優勢，而不是模糊焦點

技能摘要不應該是一個冗長的個人能力清單，更不應該浮誇自己所具備的專業知識與能力，與其在履歷中寫技能摘要，不如好好地針對職缺需求，寫出自身能創造的貢獻。

許多人喜歡在履歷中，大篇幅地描述或是列出一堆個人技能摘要，舉例來說：「超過二十年跨國專業經理人的經驗，產業橫跨科技、零售、製造業……能擔任行政、業務、財務、行銷主管，為企業創造無可限量的價值……」

會想寫技能摘要，目的當然就是要用來吸引企業的目光，但實情是企業人資或是獵人頭顧問，每天都會收到上百封履歷表，所以實際上很少有人能夠或願意抽出時間，仔細閱讀「技能摘要」的整個段落。

尤其是這樣的技能摘要寫法，並沒有凸顯出重點，所以無法得到企業人資或獵人頭顧問的重視。

以上面的摘要敘述來說，提到這個人有好幾種不同產業的經驗，能夠做好多不同類型的工作，但對招募企業來說，它們只在乎一件事，那就是這個人是否有相關產業的經歷、是否有相關職務的經驗，這才是此人該在履歷中強調的重點。

有經驗的企業人資或是獵人頭顧問，只要看到你的工作內容，以及你的年資與轉換工作的頻率，就能夠在幾秒鐘內，粗略地判斷出你所具備的經驗與技能，甚至人格特質，所以其實在履歷中放這些技能摘要，有時反而顯得有些畫蛇添足。

有一個在職場二十多年的專業經理人，他在職涯過程中，經歷過多個產業，因為是工程系畢業，所以一開始先做研發工作，接著調到銷售部門，後來又從事行銷、物流與生產管理的工作。因為有完整的職務歷練，所以他最終也成為一家公司的執行副總經理。

他本以為自己會在目前這家公司待到退休，但由於公司的新產品銷售不佳，造成獲利大幅下降，所以他一肩扛起責任而辭職。離職後他開始找工作，履歷寄出去雖然得到幾家獵人頭公司的電話關心，但遲遲沒有任何面試的邀約。

我看過他的履歷後，發現了一個很大的問題，那就是他的履歷中，洋洋灑灑地寫了長達一頁的技能摘要，包括列出自己具備行政、人資、業務、行銷、研發與生產等經驗。但工作經歷的描述，反而卻只有寫自己之前任職的公司與職稱，完全沒有任何職務上的描述。

我要他拿掉那一整頁的摘要，用心提供完整的工作經驗描述，並將這些技能分類，提供每一方面的代表成績，表現出自己擁有全面的能力，定位自己為專業的高階經理人。修正過的履歷再寄出後，他順利地得到一個高階主管工作。

所以，建議你不要浪費時間，在履歷中寫一段沒有重點、也無法增加印象的摘要。如果將這些技能摘要寫在履歷中，求職時更容易被企業人資或獵人頭公司用放大鏡來檢視，反而讓你真正的優勢失焦。

42

主觀的個人特質，對求職毫無助益

履歷中最重要的是凸顯自己實際的工作經驗與專業能力，對於企業來說，主觀的個人特質描述，可信度不高且不具參考價值，所以應該直接省略。

履歷中除了一般工作經歷的描述，許多人也喜歡寫一段個人特質的自我評估，最常見的比如說，具有團隊合作精神、具備解決問題的能力等。

就算你如此寫在履歷中，也不代表企業會予以採信。原因很簡單，就是一個人的評價，並不是自己說了算，就好比你遇到了一個陌生人，對方跟你說：「我是一個好人」，你應該不會這樣就相信他吧！

所以不管在履歷中說自己有多好，企業人資對這樣的說法絕對存在著疑問。就算是你一再強調，信任度可能不但沒有提升，反而更因為如此，讓企業人資更加覺得此人不可信賴。

與其寫「具有團隊合作精神」這樣空泛的字眼，你更應該具體呈現團隊合作的經驗，以及達成哪些成果。如果你是想表達你「具備解決問題的能力」，那就請說明你曾解決公司或客戶的哪些問題，以及為他們創造了多少利益。

一個人的風評，企業如果想要知道，都有辦法打聽得到，企業不但有可能去詢問同行，也會透過獵人頭公司私下探聽，此外也可以做專業的背景調查，只要是企業真的想要瞭解你，絕對都可以做得到。

你如果在履歷中提到你的人格特質，去面試時更會被企業用放大鏡來檢視。所以你明明是一個粗枝大葉的人，就別說你是一個細心的人，企業真的很在乎一個人的言行是否一致。

有一個年輕人將履歷寄給我們，在郵件裡面簡單地介紹了自己，並附加了一份英文履歷，提到自己的履歷寄出後，都沒有面試的機會，所以想要知道自己有什麼地方做錯了。看過他的履歷後，我就發現他的問題相當明顯。雖然他的經歷相當不錯，履歷內容也足夠完整，英文也表現出良好的水準，但其中幾個字拼錯卻沒發現，很明顯他在履歷完成後，根本就忘了做拼字檢查。

諷刺的是，他的履歷中寫了一段個人特質，裡頭寫著「做事仔細、重視細節」，所以我與他碰面時就問他，是否真的有仔細檢查過自己的履歷呢？他卻自豪地說：「我的履歷應該沒有問題吧！應該是現在景氣不好的原因。」聽完這番話後，企業不給他機會，真的有其道理。

我問他：「你真的是謹慎小心的人嗎？如果是這樣，為什麼履歷表中有那麼多的拼字錯誤呢？」他這時才發現，自己的確沒有把這部分做好，導致讓企業質疑他的可信度，也就是因為如此，才沒有企業找他面試。對照他在履歷中寫自己是小心謹慎的人，無疑是給自己打了一個巴掌。

請記得你的為人不是自己說了算，把人格特質這段沒有意義的敘述從履歷中拿掉，留待日後在工作中證明，這才是企業想要看到的態度。

43

從學歷資料的提供，就可以瞭解人格特質

不是每個人在求學過程中都一路順遂，但請務必坦蕩且有自信地面對自己的過去，誠實且完整地提供自己所有求學歷程的資料。

現在會去讀研究所的人愈來愈多，但有些人往往一旦有了研究所的學歷後，就只在履歷中，提供研究所畢業的資料，而略過大學的畢業學歷。

許多人之所以只提供這樣的學歷資料，就是因為他們所讀的大學，並不是屬於知名學府，相比之下，認為自己的研究所學歷比較亮眼，所以就只放碩士以上的學位在履歷中。

另外也有一些人，研究所是在國外就讀，所以學歷只放了國外留學的部分；因為學士學位是在國內就讀，就覺得不夠亮眼，所以就選擇性略過。

除此之外，如果是已經出社會的專業人士，履歷中本來就不需要再提供高中畢業學校的資料，但有人小時候成績優秀，高中讀的是首屈一指的明星高中，所以履歷中除了大學學歷外，還會特別強調高中是讀哪一所學校。

還有人曾到國內外一流的學府，上一些為專業經理人提供的短期進修課程，或是上幾個月的英文班，就把這樣的資料放進學歷中，然後在履歷中強調自己曾在某個知名大學進修，這些課程其實並不屬於「學歷」的一部分。

我也時常看到有些人研究所沒有讀完，卻仍把學校資料放在履歷中，造成他有拿到碩士或博士學位的假象。如果你也有這樣的求學歷程，請不要再把這些沒有拿到畢業證書的學歷寫在履歷中。

上面所提到的這些行為，事實上也表現出這些求職者對自己不夠有自信。

有一個求職者，大學金融系畢業後就到一家銀行上班，努力存了五年的積蓄，終於有足夠的錢，能夠讓他到美國攻讀金融碩士學位。

為期兩年的課程，就在他讀了一年後，因為家裡發生經濟狀況，只好忍痛暫停學業，也因此需要重回職場。他開始投遞履歷，雖然未完成碩士學位，但他還是把這個「未完成」的學位放在履歷中，也順利地找到新的工作機會。

這些年來他一直在銀行業上班，期間為兩家國內銀行服務，這兩家銀行都沒有查核他的學歷，而他每次應徵工作時，也沒有主動跟面試官提到他沒完成學位的事實，人資也因為作業程序的疏忽，沒有多加確認他的學歷資料。

直到他想從國內銀行轉戰到一家外商銀行，因為是資深主管職位，所以該銀行對他做了完整的背景調查，查出他沒有碩士學位的事實，雖然他從沒有承認，但也從沒否認自己有碩士學位，所以他的誠信遭到質疑，不但這家外商銀行最後沒有錄用他，消息傳出後，他更被銀行業界列入黑名單。

你有什麼樣的學歷，就該完整如實地提供。一個人要是連自己的學歷都需要遮遮掩掩，也代表著此人是一個沒有自信，更無法讓人信任的人。尊重自己的每一段學歷，是求職基本的道德與態度。

44

只有貨真價實的證照，才應該在履歷中出現

技能進修課程與公司內部訓練所獲取的結業證書或上課證明，應該只是用於幫助個人提升知識；只有國家或國際通用的證照，才能夠對求職有加分效果。

在一個學歷與證照掛帥的時代，企圖心強的人，往往會參加各式各樣的進修課程，學習專業的知識與技能。而上完課後，許多人為了凸顯自己具備這方面的條件，往往就會在履歷中列出這些上過的課程。

在某些特定的產業，如金融業、保險業等，如果需要為客戶提供服務，都需要具備專業證照。這些證照的取得，都是來自於國家承認的專業機構或財團法人，所以對於企業來說，擁有這些證照的人，都代表著一定的專業度，能力與知識都有經過國家級的檢驗。而所謂的國際證照包括註冊會計師（Certified Public Accountant，CPA）、專案管理師（Project Management Professional，PMP）等。

除了這些國際專業證照外，許多企業也都會提供員工相當多元的內部學習機會，請外面的專家顧問，來公司舉辦訓練課程與講座，參加完課程的員工，甚至會得到上課證明以及所謂的「結業證書」，比如某電腦技能合格證明、銷售訓練結業證書等。

基於這樣的原因，眾多來自於大型企業或是外商公司的求職者，往往就會將一些只有一天或幾天的短期訓練課程，大篇幅地在履歷中描述，希望讓求才企業認為他是一位技能全面的人才。

事實上，企業並不會因為你多上過一些非正式課程，就對你有更高的評價，畢竟一個人的能力，主要還是來自於他的實戰工作經歷。

有一個求職者，十多年來都只在同一家公司任職，從最基層的專員到現在已經是獨當一面的資深經理。這些年來公司給了她很多表現機會，也讓她上了近百個內外部訓練課程。所以她相當有信心，自己擁有比他人更多的專業知識。

她看到了幾個似乎滿適合自己的工作機會，決定是時候挑戰自我了。但她將履歷寄給這些企業後，沒想到卻是石沉大海，這也讓她感到相當疑惑，來找我們詢問自己的履歷是否有漏掉哪些內容。

看到她的履歷時，我們著實嚇了一跳，因為長達五頁的履歷中，有三頁完全都只是在敘述她上過的訓練課程名稱。所以我建議她將履歷簡化、凸顯重點，與其強調自己上過相當多的課程，還不如強調自己工作上實際的成就。

同時，我們要她只留下專業證照，拿掉所有與職務不相干的訓練課程，將履歷簡化到兩頁，再重新寄給目標企業後，立即就有面試機會了。

對於企業或獵人頭公司而言，一個人上過多少訓練課程，不應該是履歷中需要大幅強調的重點。履歷的重點應該仍是擺在過往的工作經歷，與實際在工作上所做出的成績，這才是求職履歷的重心。

45

外語能力在求職市場上沒有模糊地帶

在競爭激烈的求職市場上，外語能力只有兩種，那就是「會」或是「不會」，如果無法流利地運用外語能力溝通，就沒有必要將外語寫成技能的一部分。

現在許多企業中的職務，都需要與國外的客戶交流溝通，所以每當有人才的需求時，企業或多或少都會將人選的外語能力作為評估的一部分。

然而，我們在履歷中卻時常看到，求職者對於外語能力的描述，往往都相當簡單，比如寫英文聽、說、讀、寫中等，日文聽、說、讀、寫略懂等。

這樣的外語能力描述方式，事實上都是源自於人力銀行履歷中的慣用說法，但這樣模糊不清的描述，並無法讓任何企業瞭解一個人真正的外語能力，所以這樣自我評估的方式，是完全沒有意義的。

以英文能力中等來說，相信每個人的中等標準，絕對都會有所不同。同樣地，就算是自認為英文能力精通的人，在英文為母語的人眼裡，也可能只算是中上而已。每個人對於語言能力的解讀，一定都有不同的標準，所以不管實際上是精通或是中等，一定都要提供一個能夠讓人心服口服的方式來證明。

如果你真的有心證明你的外語能力，正規的做法就是在履歷中，提供外語檢定考試成績，如英文的雅思（International English Language Testing System，ＩＥＬＴＳ）、托福（Test of English as a Foreign Language，ＴＯＥＦＬ），日語的日本語能力試驗（Japanese Language Proficiency Test，ＪＬＰＴ）等。

許多企業都開始要求員工接受國際的外語檢定考試，更會以成績來作為升遷加薪的一部分。如果要招募新員工時，也會要求履歷投遞者附帶檢定考試成績。

畢竟，如果你對於某個外語的掌握能力，只是會講幾句話、打聲招呼，就在履歷中把該語言能力註明「略懂」，其實就是代表幾乎完全不懂，這樣的外語能力對於你或是企業來說，並不會帶來任何實質上的助益。

有個人本來在國內企業擔任業務主管，因為對日本文化有興趣，所以決定到日本進修兩年。之後他順利拿到某間私立大學的管理碩士學位，畢業後想要在當地尋找合適的發展機會。

我們剛好有個企業客戶在日本有分公司，正在尋找一位駐派東京的業務總監，認為他日文能力與專業經驗都具備，所以就邀請他去面試。

面試的第一關，就是請他現場打電話給一位往來多年的日本客戶，瞭解他與日本客戶互動的能力。一開始打招呼寒暄還可以，結果一談到更深入的話題時，他就開始變得結結巴巴，後來更緊張到說不出話來，面試短短五分鐘就被刷了下來。

原來他在日本時，都沒有與當地人有太多往來，日文除了讀書寫報告外，平常也沒有跟日本同學交流，所以在日本住了兩年，日文仍講得不夠流暢，更無法在工作上自信地與客戶溝通。

當然有些工作職缺，對外語能力要求不高，但你一定要更嚴格地要求自己，確保在履歷中所提到的任何外語，都是你在工作上能流利運用的語言，也才能成為求職時真正的優勢。

46

尊重且翔實地描述每一段工作歷程

描述工作切勿太小眼，大學畢業後每份工作都應盡可能地詳細提供，這也代表著自己對每一份經歷是否尊重與自豪，同時才能讓企業瞭解完整的你。

履歷表的重點就是一個人的學經歷，但有相當多的求職者，對於工作經歷只選擇性地提供，造成工作經歷過於偏頗某個時期或某間公司。

比如對於最近期的工作，以及任職時間比較久的工作，許多人都會以較長的篇幅來介紹，而對於比較早期的工作，往往就簡單一兩句話帶過。當然你可能會認為企業人資應該比較不在乎早期的工作，比較想瞭解你近期做了些什麼。

的確對於某些企業人資來說，也存在著類似的看法，畢竟不可否認地，每個人資看履歷的角度都會有所不同，但都有一個共通點，那就是履歷要能讓他們充分瞭解，你的職涯歷程與所做過的事情。

如果換過十幾份工作，卻只將最近期的三份工作放入履歷中；或是做過不同類型的工作，卻只在履歷中提供跟特定職務相關的工作經驗，這樣只會使你的履歷變得殘缺不全，更無法讓人資瞭解你的工作經歷。

不論是企業人資要將你的資料轉交給部門主管時，或是獵人頭顧問要將你的資料介紹給企業人資時，都需要做同樣一件事情，那就是瞭解並介紹你的工作經歷與專業能力給面試主管。在資料不完整的狀態下，是無法充分認識與介紹的。

有一個來自於電腦業的求職者，雖然他都是在這個產業擔任業務工作，但為了有更多的發揮空間，在十幾年的職涯中，他已服務過八家不同的公司。因為每一份工作都是業界朋友介紹，所以他的履歷也寫得相當簡單。

他覺得目前在這家公司已經沒有晉升的機會，決定開始嘗試投遞履歷給企業，結果卻沒有半點回音。他想可能透過獵人頭公司協助會比較有效果，所以來找我們協助媒合。

我們看到他的履歷，發現他只提供最近期的三份工作資料，而其他早期的五份工作都沒有提到。因為他認為這八份工作的內容都是大同小異，不同的只是品牌而已。

我告訴他，這樣簡略的履歷內容是不夠的，尤其是沒有交代完整的工作經歷，無法讓企業徹底認識他。我們協助他將每份工作的職務與成績呈現出來，他才意識到就算同是業務工作，也都有不同的地方。履歷寄出後，就有新的面試機會了。

履歷所描述的是你職涯的縮影，就算只是大學畢業後的第一份工作，也代表著相當大的意義，那是你人生第一份正式的工作，也象徵你終於踏入職場，你一定也有從中學到一些寶貴的專業知識與待人處事的方式。早期的工作經驗，更是為你後來的成就奠定了一個基礎。所以每一個工作經歷，都應該虛心、仔細地詳細描述，這才是正確的求職態度。

47

凸顯為公司創造的利益，不是個人的成就

企業不是要找一位個人主義的英雄，而是想尋找一位能夠與團隊共事、為公司設想的人才。所以，該凸顯的不是你的個人成就，而是為公司創造的利益。

工作經歷敘述有兩個主要的部分，除了職務內容外，另一個就是「工作成績」。但對於工作成績的描述，有相當多的人往往會提供錯誤的內容。

舉例來說，如果是一個業務員，有些人可能會在「工作成績」填上：「個人業績達成率為二〇〇%，為銷售團隊中的第一名。」這樣的成績聽起來的確很優秀，但對於企業來說，這樣的說法可能有些主觀。

首先，所謂達成率這個數字，除了你個人的能力外，也有一部分是取決於公司所訂目標的難易度。此外，就算你個人為銷售團隊中的第一名，也可能會被人質疑銷售團隊的人數不多或人員素質不佳。

在一家公司是第一名，並不代表你到另一家公司會有相同的表現。這樣的成績描述方式，特別強調你的個人能力，對於講求團隊合作的企業來說，就顯得有些個人主義，更會讓人感覺你似乎把個人表現放在團隊合作之前。

尤其是在外商或大型企業工作的人，因為公司內部都會設立個人獎項，表揚傑出的員工，使得來自於這些企業的求職者，往往為了強調自己的優秀，而在自己的履歷中，將「某年度公司最佳員工」、「某年度業務績效第一名」的表揚，視為代表性的成就。

但比較合宜的描述方式，應該不是著重在你得到什麼樣的個人成績或獎項，而是因為你的努力，間接讓公司的營運得到什麼樣的成長或進步。以一個簡單的描述舉例：「帶領五位銷售人員，共同為公司新增十億的營收，使公司的產品市占率增加三%。」

這樣的描述方式雖然有些簡單，但至少凸顯出你有領導能力、強調團隊合作，同時清楚地讓企業瞭解，你能夠為公司創造亮眼的營收與發展上的突破。

有一個剛從國外回來的求職者，他在美國已經生活與工作了十多年，是一個熱情又有行動力的專業主管。他的經歷也相當優秀，曾在矽谷一家知名的跨國科技大廠任職。

他想要在國內找工作，但將履歷寄給多家企業後，雖有幾個面試機會，卻遠低於他的預期，使得他沒有太多的選擇。

我發現他的履歷有一個特色：因為他的公司內部競爭激烈，每一季都有業績比賽，所以履歷中滿滿的都是個人所得到的業績競賽榮譽。我要他把這些個人榮譽拿掉，而是提供他實際為公司所創造的成績，並以詳細的數據來表示，結果他接下來寄出去的每一份履歷，都順利地得到面試機會。

描述成就的方式，代表著一個人的心態與格局，是將自己擺在前面？還是將公司擺在前面？你要有自信但謙虛，有突出的表現卻不露痕跡地張揚，這才是履歷中比較適當的成績描述方式。

48

—

瞭解自己的價值，將工作上的成就數據化

求職的重點不僅僅是介紹自己的職務，更重要的是每份職務中所創造出的成就，而每個成績都需要提供數字來佐證，這才是有效吸引企業的方式。

每個人總是在準備求職時，才會開始著手撰寫履歷，其實平時就應該經常更新自己的資料。因為在履歷中描述工作上的代表成績，都需要數據來佐證，所以平時如果沒有準備履歷的習慣，等到要開始撰寫履歷時，往往就無法記得這些資料。

要讓面試主管充分瞭解你在工作上的表現，就要以實際的數字來凸顯自己的能力，加深企業對你的印象，這不單單應該只用於履歷文件上，求職面試時更應該如此。

尤其是在高階主管或是業務人才的面試時，企業特別會想要瞭解，坐在眼前的人選，是否具備與眾不同的成就，而最直接的表達方式，就是要求你證明加入公司後，與加入之前相比，營收、利潤、市占率等是否有任何變化。

對於自我要求極高的專業經理人來說，當企業提出這樣的疑問時，他們就能立刻清楚地提供精準的數字；而一般求職者要回答同樣的問題時，可能就只能說「大概」的數字，這就是明星人選跟一般求職者之間的不同。

如果你平時就沒有自我要求，充分探討自己在每一份工作上所創造的價值，特別是為團隊所做出的貢獻，及為公司所創造的利益，這樣就很容易被企業視為只是尾隨在後的「跟隨者」，而不是走在前面的「領導者」。

不管身處於什麼樣的職務，你都要瞭解自己在企業裡所扮演的角色，充分掌握自己在價值鏈中的重要性，體認自身職務所影響的層面以及對象，這樣在量化自我的成績時，才會有所依據。

某家公司的資深人資專員，是人資部門的聯繫窗口，同時負責人才招募的工作。她在這家公司已經服務多年，一直希望能夠有機會晉升為人資經理。但因為沒有這樣的機會，也讓她開始思考轉換跑道的可能性。

她看到有一家公司正在尋找一位人資主管，所以便決定嘗試看看。這家公司看到她的履歷後，就邀請她來面試，面試時人資副總問了她一個問題：「身為人資，妳為公司創造了哪些價值？」

她聽到這個問題就回答：「自從我加入公司後，我成功為公司找進了八位業務經理，這些人每年貢獻了超過二十億的營業額，這五年已經累積了一百億以上的營收。同時，我為公司打造了一個健全的獎賞制度，成功地將離職率從當初加入時的一〇％，降到目前的五％。」人資副總聽完後，就立即邀請她加入公司。

所以你一定要懂得如何量化自己的能力，能夠把自己視為企業中的利潤中心，不管是在第一線面對消費者的業務，或是在後端擔任財務的人，都一樣可以為企業帶來價值。

一旦你能夠用數字證明自己的表現，求職時就能夠讓企業對你產生興趣。

49

勇於承認離職原因，切勿給予模糊不清的解釋

如果想主動提供離職的緣由，就不應該含糊不清地解釋，而應該是在自傳中說明大概的原因，而原因最好是與自己的求職目標與職涯規劃相關。

很少人願意在履歷中，主動提及自己每一份工作的辭職緣由，而就算真的有人大方地寫離職原因，往往也都是相當避重就輕，其中最常看到的，就是簡簡單單的四字箴言：「生涯規劃」。

這是一個相當冠冕堂皇卻虛與委蛇的理由，鮮少人離職真的就是因為單純的生涯規劃，實際上我看過大多數人的離職原因，往往跟生涯規劃無關。

比如有的人是因為公司業務緊縮而被資遣，也有的人是因為工作表現不佳，所以被迫離職。也有人是因為被挖角到另外一家公司，單純為了錢而走人。不管是什麼樣的原因，求職者對於較為負面的實際理由，往往選擇避而不談。

當然對於企業人資來說，除非是對你的資歷相當有興趣，一般也不太會去探究你的隱私，所以履歷中你可以考慮先不提離職的原因，但如果你想寫，就不要提供隱諱不明的解釋，因為愈模糊的原因，愈會激發人資想要弄清楚的念頭。

有一位求職者在超過二十年的職涯過程中，在許多不同的產業任職過，更服務過十多家企業。她再次想要轉換跑道，投遞履歷後都沒有進展，所以來找我們，希望能夠幫忙推薦她的履歷給企業。

她在履歷中，雖然完整地交代了她的經歷，但在每段經歷底下，都額外寫了同樣的離職原因：「追求新的挑戰」。

因為想要瞭解她確切的離職原因，所以我們與她討論每個職涯的轉折後，才發現她除了的確喜歡追求新的挑戰外，有幾份工作的離職緣由，事實上是因為主管離職，也有的是因為其他公司給了她更好的薪資條件，所以並非每一份工作，都是因為這樣的原因而離開。

我建議她不要在履歷中寫上一模一樣的離職原因，畢竟可信度不高，也不會有加分的效果。且因為她沒有自傳，所以我建議她寫一份自傳，清楚地交代自己在職涯轉換的歷程與想法，表現出自己的企圖心，營造出與目標企業一致的理念。這樣履歷寄出後，就陸續有公司找上門。

企業並不會欣賞有許多藉口的求職者，尤其是一味將離職原因，歸咎於企業環境因素，或是景氣不佳等外在條件的人。其實我們與求職者討論後，常常發現「求職者自己」才是離職最主要的原因。

企業與獵人頭公司都欣賞能夠坦誠面對自己的人，如果你總是抱著「千錯萬錯都是別人的錯」的心態，請改變這樣的想法，因為這樣只會使你在職涯上停滯不前，無法有轉職上的突破。

前途是你自己的，當初要離職，絕大部分也應該都是你自己的選擇，所以要勇於承擔你當時的決定，才能得到企業的尊重。

50 —

主動解釋空窗期，不要讓企業對經歷產生疑問

請務必主動說明較長的空窗期，才能避免企業人資看履歷時，對工作經歷產生疑問。企業一旦對經歷起疑，就代表著這個人選將失去面試機會。

不是每個人的職涯都一帆風順，絕大多數的人，或多或少都會遇到職涯撞牆期，使得自己在工作轉換之間，產生較長的待業時間。

如果履歷中只是空白著兩、三個月，其實應該也沒有企業會在意，但一旦超過三個月的話，就很容易讓企業產生疑問，想要瞭解造成空窗期的緣由，這時主動解釋原因就會變得相當必要。

話雖如此，但幾乎很少求職者會主動交代，尤其是對於較長的空窗期，幾乎都是選擇絕口不提，認為企業只會把目光聚焦在自己的工作經歷上，而空白的部分沒有問就不要說，這樣的想法真的不太正確，也反映出一種「鴕鳥心態」。

對於每天無時無刻都會收到眾多履歷的人資來說，一旦收到的履歷中有不尋常的空窗期，除非這個人的學經歷真的相當優秀，不然這份履歷就有可能被下意識地先行略過，或是直接打入冷宮不予考慮。

有明顯空窗期的人，若學經歷不錯，企業還是願意給面試機會，但在面談時一定會被人資問得清清楚楚，所以與其到時在面試中被拷問，還不如在履歷表投遞的階段就先自清，想出一個好的說法，解釋工作之間的斷層。

有一個在酒店任職的求職者，她的人生經歷相當多的波折，過往曾在多家五星級酒店服務，在新加坡、香港、澳門與台灣等地工作過，所以資歷相當豐富。

因為這個產業工時長，上下班時間不穩定，所以不但影響到她與家人的關係，也使得她的健康亮起了紅燈，逼得她不得不停下腳步，有時一休息就至少半年，才又重新開始下一份工作。

因為如此，她的職涯過程中有好幾個階段，都留下相當長的空窗期。她剛開始也不以為意，畢竟自己都是在相當知名的酒店任職，所以轉換跑道一直以來都沒有太大的問題。

伴隨著資歷的成長，空窗期也逐漸增加，但她卻沒意識到這樣對求職最終會造成阻礙。當她再次休息後，又開始尋找新工作時，卻發現到這次沒有之前那麼順利了，履歷寄出後都沒有任何消息，使得這次的空窗期，不知不覺從原先的半年變成了一年。

她開始感到恐慌，所以來找我們幫忙。我們注意到她的經歷，充斥著許多明顯的空白，卻都沒有解釋。所以我們建議她寫一份自傳介紹自己，委婉地分享空窗期的原因，與她所能帶來的貢獻與客戶人脈，之後她終於再次找到新的舞台。

企業當然會在意你履歷中的空窗期，但在意的不是你有空窗期，而是你完全不解釋原因。如果你能夠落落大方地與企業分享，就能夠取得企業對你最基本的信任與尊重，當然就有可能給你面試的機會。

51

薪酬條件先保留，有面試機會再提供

薪資細節是雇主的商業機密，應考慮避免在履歷中先行揭露。如有必要提到薪酬數字，建議提供自己的期待薪資，作為薪資談判與討論的依據。

絕大多數的人，應該都不會想要在與企業碰面前，就讓企業知道自己的薪資，但也為了對企業釋出善意，表現自己對於薪資相當有彈性，所以也時常在履歷中，提到對於薪資的期待是「面議」或「依公司規定」。

其實在履歷中不管是寫「面議」或「依公司規定」都顯得有些多此一舉，但會寫「面議」的人，往往都是薪資相當不錯，特別是擔任高階主管的人。他們相當有自信，只有符合期待薪資條件的工作才會考慮。

而會將期待薪資設為「依公司規定」的人，相較之下，代表著他們在某種程度上，沒有足夠的自信，所以選擇一個最簡單的方式，來為自己爭取一個工作機會，這通常屬於比較年輕或剛出社會求職者的做法。

然而，求職一定要顯示出企圖心，不管你是資深或是年輕的求職者，都要盡量把握主導權。談薪水的姿態代表著一個人的能耐，也是一個表現自己談判能力的機會，所以薪水談得漂亮，往往能夠讓企業對你有不同的評價。

關於是否要在履歷中提到薪資，如果你的履歷是準備投遞給獵人頭公司，那我們就會建議一開始就提供心目中的目標薪資。只要是合理的數字，如果有合適的職缺機會，獵人頭公司都會盡可能以這樣的目標來為你爭取。但如果履歷是要直接投遞給企業，那就不太建議你一開始就提供。

有個目前在外商公司擔任專案主管，薪資好、工作也相當穩定，直到最近換了一個新上司，讓他動了轉換跑道的念頭。畢竟自己也不急著離開，而且覺得要走一定要有更好的條件，所以在他的履歷中，也不忌諱地將自己目前的薪資放入，同時更提出薪資需要有三〇%的漲幅。

履歷寄出給其他企業後，雖然有許多適合的工作職缺，但都沒有任何回音，所以他前來找我們諮詢。看到他在履歷中提到自己期待的薪資，很顯然企業對於他要求的加薪幅度有不同的看法，所以就算對他有興趣，也只好先不找他面試。

所以我們要他先不要在履歷中提到薪資的部分，而是先讓自己得到面試機會。他把薪資資料先刪掉，再寄給其他公司後，果然就有一些面試機會。他得到一家企業的錄取通知，提供比他目前薪資高約一五%的條件，但他提出半年後，如果達成企業所設定的目標，就讓他自動再加薪一五%。

雖然這超出企業原先的預算，但因為他展現出相當的自信，讓企業願意給他機會嘗試，所以就爽快地答應他的條件，使得他達成原先所設定的薪資目標。

如果你一開始就提供薪資條件給企業，就會使企業有機會以薪資預算來篩選你。所以重點是，不要讓薪資條件影響到你的面試機會，一定要先得到面試機會，一隻腳先踏進門，後續再來爭取你的目標薪資。

52

企業如果沒有要求，就別在履歷中提供推薦人

推薦人應該以直屬上司為主，而他們的資料不應該在履歷中洩漏，也不需要一開始就提供。只有在事先知會推薦人之後，才提供給企業查詢。

許多人總是會在履歷中，主動提供兩到三個推薦人，特別是有一定工作經驗的資深主管，往往都會選擇放一些企業客戶，或知名人士的姓名與聯絡方式，來凸顯自己除了能力可供驗證外，還擁有良好的人脈。

但還是有一些比較年輕的求職者，將一些非工作相關的人士視為推薦人，比如在大學時上過一堂課的教授，這就不是企業會想要詢問意見的推薦人了。

其實，不管你在履歷中是放哪些推薦人，事實上這真的完全沒有必要。如果你選擇在履歷中提供這方面的資料，反而很容易造成推薦人的困擾，其中最顯而易見的問題，就是個人資料與聯繫管道外洩的可能性。

舉例來說，相當多的獵人頭公司一旦看到求職者的履歷中，有企業主管或專業人士的資料，就會將這些推薦人的聯絡方式加入企業或人才資料庫中，用於日後業務上的行銷，並作為獵才人選之用。

而有些企業在與人選面談時，在沒有知會對方的狀況下，甚至會直接打電話與推薦人聯繫。而推薦人如果在沒有心理準備的情況下突然接到這樣的電話，事實上心裡是會不太舒服的，特別是企業如果在推薦人不方便的時間聯繫的話。

有個求職者到一家企業應徵主管的職位，在經過四輪的面試後，終於到了最後一關與總經理碰面。面試過程相當順利，總經理最後也說，給公司三天的時間評估一下再通知她，一切都看似很有希望。

沒想到面試完隔天，她上一份工作的上司，突然打電話給她：「昨天一家公司打來問我對妳的評價，妳怎麼沒有事先通知我呢？我當時在與客戶開會，根本不方便講電話，希望妳下次事先打一聲招呼。」

她沒想到履歷中雖然有放推薦人，企業竟然未知會她就聯繫了前主管。她對前主管感到相當抱歉，立即約主管碰面解釋誤會。但從這件事情上，讓她覺得這家企業的做法並不恰當，所以主動放棄這個機會，未來也決定不再將推薦人寫入履歷中。

所以，你一定要尊重推薦人的隱私與時間，我看過有推薦人認為沒得到尊重，而拒絕提供企業對該人選的看法。如果因此造成自願當推薦人的前輩或主管困擾，更往往會影響到日後的情誼。

正確的做法應該是等面試到最後的階段時，在企業人資的要求下，再主動提供推薦人，而在那之前，不應該外洩任何他人的資料給企業或是獵人頭公司。

提供之前，你一定要先主動通知推薦人，確認對方比較方便聯繫的時間與電話，更重要的就是感謝他們願意抽出時間，來擔任這個角色，並要讓他們知道，他們的意見對企業來說相當重要。處理好與推薦人的關係，他們才能在最後關頭，幫助你得到這個機會。

53

透過職務摘要，展現自己充分掌握工作的需求

投遞履歷時同時可以考慮準備一份職務摘要，簡單扼要地讓企業知道，自己瞭解企業的狀況、職位所需面對的挑戰，並提出所能帶來的解決方案。

將履歷投遞給企業前，就應該事先做好充分的準備，特別是至少該瞭解這個企業的歷史、核心價值、產品與服務等。

這聽起來雖似老生常談，但現在的求職者，往往一開始找工作，就跳過瞭解企業整體概況的步驟，只是看過大概的工作內容就將履歷寄出。所以，的確愈來愈少人會認真地對目標職缺與企業先做過功課。

之所以會強調瞭解企業這個步驟的重要性，就是因為真正的一流人選，不但能夠把自己的學經歷，以及過去為企業所創造的成績，完整且專業的呈現出來，更能夠在求職文件中，讓企業看到他們能夠帶來的價值與商業利益。

尤其如果你是一位高階經理人，希望能夠與眾不同，就建議附上一個簡單扼要的「職務摘要」。摘要中可以分享你的觀點，比如以你的目標職缺來看，如果你得到這份工作，上任後可能需要面對的問題，及你會如何解決。

高明的人選更會列出自己所具備的經驗與技能，並提及假如得到這個職位，將會如何發揮，及如何有效地幫助企業成長。

可能絕大多數的人，都會認為寫這種職務摘要沒有必要，而且擔心要是這樣做了，卻連面試的機會都沒有，那不就等於是浪費時間？就算真的要想這些，還不如保留到企業決定面談，或是老闆親自面試再這麼做。

你會有這樣的想法也是情有可原，但如果你真的很渴望加入某家企業，一開始卻連付出一些時間瞭解這家企業都不願意，那這個職位最後一定會被比你更想得到這份工作的人拿走。

有一個求職者想要找總經理特助的職缺，剛好有一家外商公司，最近從英國總部派了一位外籍總經理到國內，因為人生地不熟，所以需要有一位幹練的助理，來協助總經理處理本地的事務。

因為她過去曾在外商公司任職，從旁協助許多外籍主管處理問題，所以她知道要得到這個職位，一定要一開始就善用自己的經驗優勢。

所以，除了寄了一份專業的履歷外，她同時也提供了一份職務摘要，內容包括對於這個職位的經歷、預期需要協助外籍總經理解決的事項，及未來在這個職位上的角色定位。

就因為她光在申請文件上，已經展現出與眾不同的企圖心，與對職務的掌握能力，讓外籍總經理對她的履歷留下了深刻的印象，所以欣然邀請她來面試，果然面談後，她就順利地得到這份工作。

如果你真的想要得到一份工作，就一定要先願意付出，這個付出不是你的金錢，而是你的時間。好好準備一份職務摘要，將會對你的求職文件有所加分。

54

除了符合求才廣告的需求，還要提供更吸引人的條件

企業求才廣告中所列的每項人才要求，可分為必備與加分條件兩種，如果能夠進一步找出企業沒提到的重點需求，並主動提供，將會對應徵有所加分。

企業要刊登徵才廣告，往往會在自己公司的官網，或是在報紙、社群網站及人力銀行上刊登，而一般企業都會盡可能在廣告中，提供完整的人才需求資料。

而你一旦看到徵才廣告時，除了仔細瞭解外，更要能夠做出完整的職務分析，從負責招募的企業主管角度，來斟酌哪些人才條件是真正必須擁有的，及這份廣告所沒透露出的額外訊息。

廣告中往往只會大略地列出主要的要求，這就是該職務的核心能力。比如招募一個電腦工程師，此人一定就必須熟悉某些電腦軟體，而且最好具備相關軟體的證照。

但身為一個電腦工程師，除了要告訴企業自己所具備的軟體知識外，還要額外思考，自己是否還有哪些吸引企業、同時跟該職務相關的條件？所以，除了企業提到的條件要求，你更需要推敲企業沒有透露的訊息，也就是所謂「隱藏的條件」，而這往往才是決定工作應徵勝敗的要素。

畢竟，企業人資如果同時需要招募眾多職位時，往往無法將每個職缺的工作內容及人才條件逐一闡述清楚。所以，你絕對不能只依賴求才廣告所提供的資料，而是去瞭解除了企業所提到的技能外，自己是否還具備其他相關的技能條件，能夠對應徵該職務有所加分。

有一個高階經理人透過朋友介紹，得知有一家上市企業正在尋找一位集團的財務副總裁，他對這個職位相當有興趣。因為自己本身同樣也是在一家上市公司擔任財務長，過去也曾擔任過包括財務、人資等部門的主管。

他看到這個企業所公告的人才需求，裡面描述的工作內容及人才的技能，都是著重在財務操作方面的知識，這方面他相當有心得，所以就將自己過往至今的財務經歷，盡可能地在履歷中描寫。

寫完後，他總覺得該企業相當有名氣，相信一定也有其他資歷完整的高階財務主管前來競爭，所以應該要更進一步地琢磨，如何讓自己的履歷切中該企業針對這個職位的需求。於是他便來請我們協助。

我看過他的履歷後，覺得他只著重於財務經歷方面的描述相當可惜，因為據我們對該企業架構的瞭解，人資部門也會統一由該財務副總裁所掌管，所以既然他過去有擔任人資主管的經驗，也瞭解人資部門的運作，那也應該將人資經驗，同時在履歷中仔細描述。

他依照我們的建議，把履歷重新包裝好後，寄到該企業，當然得到了面試機會，最後更獲評為最佳的人選，因為他是眾多高階財務人選中，唯一有完整人資經歷的人。

所以，如果你具備企業所想要的技能與經驗，又能進一步提供更多的附加價值，這往往就是企業最終決定人選的關鍵。

55

獵人頭公司的人選履歷，不該用於求職

寄給企業或是獵人頭公司的履歷表，請用自己的私人履歷。獵人頭公司內部使用的履歷版本，並不適合用於求職，更往往會造成不必要的誤會。

每當收到求職者的履歷時，除了會看到用自己的格式所撰寫的履歷外，剩餘的大都是人力銀行版本的履歷，及其他獵人頭公司格式的履歷。

會收到獵人頭公司格式的履歷，真的令人感到訝異，畢竟這些是每家獵人頭公司用來介紹人選給企業的履歷，人選履歷是一個需要嚴加保密的重要資產，怎會直接給求職者使用呢？

看到這樣的履歷時，往往也代表著這一家獵人頭公司的程序控管出了問題，讓顧問為了方便取得更新的人選資料，就把公司內部的人選履歷直接提供給求職者，讓他們自行在上面修改，使得他們日後甚至用在私人求職上。

話雖如此，獵人頭公司的人選履歷格式，內容呈現的確會比一般的履歷完整，但問題就在於有些求職者，甚至連修改都沒有，履歷中仍放著該獵人頭公司的商標，卻又投遞給其他獵人頭公司與企業，這樣做就相當不妥當。

我知道某些人會這樣做，是因為抱著一種錯誤的心態，認為把一家獵人頭公司的履歷投遞給其他獵人頭公司，等於告訴每家獵人頭公司，同行都有他的履歷表，凸顯出他的重要性。而對獵人頭公司來說，收到競爭對手的履歷表，就代表著他們公司，並不是第一家收到該履歷的公司。

同時，會使用獵人頭公司的履歷，卻又大剌剌地不將獵人頭公司的商標刪除，這也表示此人做事有失周延且過於輕率，畢竟獵人頭公司都希望合作的人選是一位處事慎重的人。

有個人看到一家公司刊登職缺在網路上，他相當有興趣、且也覺得自己相當適合，所以就把履歷寄給該公司，卻都沒有下文。於是他決定將履歷寄給我們，詢問我們的意見。

收到他的履歷時，我們就發現他的履歷有一個很明顯的問題，那就是他的履歷格式是一家獵人頭公司使用的格式。因為他過去找工作曾尋求獵人頭公司的協助，但當時因為他的履歷過於簡略，而他也不知道格式怎麼寫，獵人頭公司就乾脆把公司既有的格式給他使用。

結果，他一字不改地沿用至今，其中甚至有該獵人頭公司的商標與聯繫電話。事實上該企業因為預算問題，所以並不接受獵人頭公司介紹的人選，這樣反而讓人資誤以為他是獵人頭公司介紹的人才。

我們協助他重新撰寫一個自己版本的履歷，重新應徵這份工作，並主動致電人資解釋，就順利地得到面試機會。

所以，除了不該將獵人頭公司的人選履歷，寄給其他獵人頭公司外，更不該將這樣的履歷提供給企業，這樣有可能會造成求職上的誤會，更會留下不尊重對方的印象。

56

—

影音履歷仍需與專業的文字履歷搭配使用

影音履歷是一個能夠讓企業留下印象的方式，但要完整地傳達自己的專業能力，仍需要與傳統的文字履歷搭配使用，才能增加影音履歷的說服力。

縱然傳統的文字履歷在求職市場上仍是主流，但在一些追求創意的產業中，也開始收到愈來愈多不同於以往的履歷，其中一種就是影音履歷。

如果你是一個活潑的人，且計畫使用影音履歷來求職，一定要瞭解並不是每個產業或是職位，都歡迎這種形式的個人介紹方式，所以準備寄送影音履歷時，要先斟酌目標企業的文化是否能夠接受。

如果是準備應徵行銷或媒體公關的工作，的確是可以考慮採用影音履歷的方式；但可以想像的是，如果你使用影音履歷來應徵法律工作，那就真的不太適合了，畢竟講求專業且嚴謹的工作職務，仍是以傳統的文字履歷較為適當。

可以預見，短期內影音履歷仍無法完全取代傳統的文字履歷，所以如果你想要製作一份影音履歷，重點應該擺在文字履歷所無法傳達的訊息，特別展現出你與眾不同的個性與創意。

一般人資在文字履歷上，也大都不會有耐心花超過兩分鐘閱讀，所以影音履歷就算內容有趣，但要是時間過長，也不要期待企業會有耐心看完。所以拍攝前，請一定要先準備好一個簡潔有力的劇本。

確保內容簡單明瞭，以製作不超過兩分鐘的影片為目標，而且要是三十秒內無法吸引觀眾的注意，那基本上就是一個沒有加分效果的影片。

有一個即將從大眾傳播系畢業的年輕求職者，平時學校有貴賓來訪時，她都會被推舉為接待人員，也擔任過學校大型活動的主持人。

她夢想自己有一天，能夠成為一位專業的主播，所以想要把握第一次找工作的機會，準備一個別出心裁的影音履歷，向電視台展現自己的特質。

對於一個專業的主播來說，口條清晰、舉止專業是很重要的，也應該是影音履歷裡面該凸顯的重點。結果她的影片重心卻放在展現自己活潑大方的個性，並且要支持她的同學一同入鏡，以輕鬆搞笑的方式來拍攝這段影片。

影音履歷寄過去後，電視台那邊當然是音訊全無。因為她很顯然沒有捕捉到這一份工作該具備的核心要素，選擇了一個不恰當的劇本來呈現影音履歷，反而使得自己的優勢全然失焦。

建議你將影音履歷完成後，不是只找身邊的朋友分享，而是去詢問一位專業的人資，或是企業主管的觀後感。如果無法得到正面的反應，那最好還是不要使用。畢竟如果在影片裡表現不佳，反而容易遭到負評。

影音履歷目前的普及度及接受度仍不算高，因為一般人資或主管大都沒有時間，也不方便在辦公時間觀看影片。所以，一定還是要與傳統的文字履歷搭配使用，才不會失去影音履歷的效果。

57

愈年長的求職者，愈要在履歷內容上多花心思

年長求職者的履歷，不僅要有完整的工作經歷，更要清楚闡明能夠為企業帶來的實際利益，數字化的描述，才能夠凸顯不同於年輕人的價值與吸引力。

大多數會來尋求獵人頭公司協助的人，往往都是比較有經驗的求職者，其中不乏年長的高階經理人。

從他們身上，其實可以深刻地感覺到，這些在商場上叱吒風雲多年的人，其實隨著年歲的增長，或多或少都會開始感到徬徨與焦慮，尤其開始在意自己的年紀，是否會成為轉換跑道上的阻礙。

不得不承認，如果你比他人年長，又沒有過人的資歷，在求職市場上，的確往往會被企業所漠視，所以許多年長的求職者，一旦真的要找工作、投遞履歷時，常常不禁質疑：自己的履歷投遞出去後，是否真的會有機會？

我不諱言，在求職市場上，比較年輕的人選，往往的確較受到青睞，但也不代表年長的求職者就完全無法吸引企業。如果你的履歷都還沒寄出去，就開始懷疑自己，那可以預期的就是一定會「未戰先敗」。

因為當你心中早已對自己產生懷疑，求職只是抱著姑且一試的心態，那接下來一定都是把履歷內容大概寫寫就寄出去，想說反正有機會就試試，沒機會也是理所當然，有這樣的想法，當然一開始就注定不會成功。

你一定要瞭解如何凸顯年齡上的價值，經驗是你的優勢，要讓企業能夠理解，當年輕人需要時間適應與學習，你能夠帶來的就是豐富的獲利管道，與長時間累積的人脈。

有一個跨國公司的亞太區總經理，他的公司結束在亞洲的營運，給了他一大筆錢當作遣散費，加上先前拿到的公司股票，使得他不到五十歲就可以退休，就算不再工作，也都不需要煩惱退休後的生活。

但這樣悠哉的日子過了三年，他開始覺得日子過得不太充實，身邊的友人也不斷勸他，認為他寶貴的經驗，應該可以繼續在職場上發揮，所以他決定準備一份只有一頁的「簡歷」，寄給他以前接觸過的獵人頭公司。

但可能因為他已經離開職場多年，而這段期間產業變動相當巨大，所以這些獵人頭公司都覺得他已經脫節，沒有對他的履歷有任何回覆。這讓他感到有些失望，想不到自己連一個面試的機會都沒有。

他來找我時，我建議他不應該只是提供「簡歷」，而是選一個他最熟悉的企業，重新寫一份詳細的履歷，特別是提及他擁有的客戶關係與過去所創造的實績，同時擬出一個新產品的提案，直接寄給該企業的董事長。董事長看過後果然相當激賞，立即邀請他擔任特助，現在他已經是該公司新事業群的總裁。

如果你是一位資深的求職者，履歷上更要費心地描述經歷，讓企業瞭解你所能提供的優勢與價值，這才能讓你有別於年輕的求職者，創造出屬於你的求職優勢。

PART 6

靠別人找工作，有時反而形成阻礙

58

獵人頭公司的唯一服務對象，就是企業

獵人頭公司自始至終只有一個真的老闆，那就是付錢的企業，獵人頭公司沒有義務、也甚少願意為求職者找工作，除非是有利用價值的人選。

獵人頭公司往往會在自家的官網介紹，或是直接告訴求職者：「我們不跟求職者收取費用，不論是誰，都能得到我們為你免費提供量身打造的求職服務。」這段話往往讓人覺得想求職，只要把履歷寄給獵人頭公司就可以了，許多人甚至把獵人頭公司當成是他們職涯的救世主。

但事實真的並非如此，獵人頭公司所提供的服務是「幫企業找人才」，而不是「幫人才找工作」。簡單來說，就是獵人頭公司「只」會為企業服務，企業才是獵人頭公司的客戶與金主，找到人才再跟企業收錢，當然不需要跟求職者收費。

但有人可能會說：「我現在的工作是某家獵人頭公司幫我介紹的，而且我都不用付任何介紹費。」這樣就代表他仍不明白自己與獵人頭公司之間的關係。

天底下沒有白吃的午餐，每天都會有成千上萬的人，投遞履歷到各家獵人頭公司，既然求職者都不需要付錢，那獵人頭公司幹麼花時間傷腦筋，為每個人提供量身打造的求職服務？

對於那些覺得獵人頭公司幫他們找到工作的人，真實的情況是，他們的資歷只是剛好符合獵人頭公司手上幾個企業的徵才需求罷了，結果卻讓這些少數的求職者，造成獵人頭公司幫他們找工作的印象。

每當有一個企業徵才需求出現，獵人頭公司不會只有你一個人選而已，而是會有好幾個人選，而你如果最終得到這一份工作，只是獵人頭公司剛好找到你的資料，而你也剛好最符合企業的需要而已。

有一個資深主管在國內知名的大廠任職，時常接到獵人頭公司的電話，過去他每次要轉換跑道時，幾乎都是透過獵人頭公司媒合到新的工作，他對此也相當自豪，認為自己是相當搶手的人才。

他認識了許多獵人頭公司，其中還有獵人頭顧問曾經跟他說，以後若想換工作就先去找他們，他們隨時都會有許多工作機會等待著他。

結果，某次他剛上任新工作還不到一年，就因為跟老闆吵了一架，心想再怎樣都有獵人頭公司可以介紹工作給他，所以就先負氣離職了。之後，他聯絡過去接觸過的獵人頭公司，要他們介紹工作機會，結果每個人都推託很忙，或是直接說暫時幫不上忙，要他先等消息，最後都不了了之。後來還是透過朋友的推薦，才重新得到新的工作機會，之後他再也不相信獵人頭公司所講的話了。

在獵人頭公司眼裡，人只是一個商品，差別只在於好不好賣。老闆就是企業，你想要讓獵人頭公司把你當成老闆，前提就是你要在他們需要人選時適時出現。所以，你要注意獵人頭公司刊登的徵才需求，並將履歷在第一時間寄給他們，才能夠讓獵人頭公司「剛好」幫你找到工作。

59

獵人頭顧問不是人資顧問，更不是求職導師

獵人頭顧問以具備業務特質的人居多，極少數人擁有人資專業背景，更有許多人欠缺實際的工作經驗與職場經歷，所以，他們的求職建議最好還是當作參考。

有相當多的求職者，往往將獵人頭顧問與人資顧問畫上等號，認為獵人頭顧問就是人資專家，與他們面談後，有可能獲得工作機會，就算沒有介紹適合的職缺，也會得到一些職涯上的啟發。

事實上在獵人頭產業中，可以說高達九成的顧問並不具備人資背景，也完全沒有任何實際的企業人力資源工作經驗，甚至不懂就業服務法令，有的人工作經驗也不多，但為什麼獵人頭公司會選擇這些人當顧問呢？

對於獵人頭公司來說，一個成功的顧問就是幫公司賺最多錢的人。所以除了高階獵人頭公司外，一般市面上的獵人頭公司在找顧問時，都有幾個共通的標準，那就是反應一流、具備業務特質與良好的口才，不怕被人拒絕，以及對賺錢的熱忱。

事實上，也有相當多的顧問，是在自己本身的職涯遇到瓶頸後找不到工作，反而被獵人頭公司遊說去當顧問的。所以提供你諮詢的顧問，事實上很有可能是本身找工作遇到困難的人。

為了爭取業務獎金，許多獵人頭顧問就算手中的職缺不適合你，但因為找不到其他人選，就會費盡心機地誘使你與企業面試。這也造成許多人透過獵人頭公司介紹得到新工作後，才發現自己根本不適合，或是跟當初談的條件有落差，甚至發現企業或職缺根本有問題。

有個人目前在一家公司的工廠擔任副廠長，一家獵人頭公司打電話給他，告訴他有另一家公司正在尋找一位廠長。因為那是一個比他目前高階的工作，所以他頗感興趣，所以決定與獵人頭公司碰面詳談。

碰面後，才知道這個工作地點需要搬遷到泰國，所以他感到遲疑，甚至想要推辭，但獵人頭顧問開始遊說他，告訴他這份工作除了薪水比現在更好外，公司還提供住宿與司機，並說兩年任滿後，可以申請調回國內總部當主管。

在禁不起獵人頭顧問的慫恿下，他只好去試著談一談，沒想到還真的得到這個工作機會。他想說既然兩年後就可以回到國內，那去國外開開眼界也是不錯的。結果去了泰國，雖然工作上沒有太大問題，但由於想念家人，所以兩年一滿，就立即向公司提出申請轉調回台。

然而，公司卻說泰國工廠仍需要他，且國內暫時沒有適合的職位，他就只好繼續在泰國工作，結果已經過了三年仍回不來，而當初介紹他這份工作的獵人頭顧問，在他剛到泰國沒多久就離職了。

你一定要記得獵人頭顧問介紹工作的出發點，往往是以本身利益的角度，而不是為你的職涯發展所著想，所以對於獵人頭公司所介紹的工作，答應前一定要自己先做一些功課才行。

60

推薦企業與人才，讓獵人頭公司跟自己保持聯繫

互利互惠是建立關係的要素，如果想與獵人頭公司保持密切的聯繫，就不要忘了主動介紹企業職缺，或是推薦人才給曾經幫助過自己的獵人頭公司。

每當我收到一份學經歷都相當傑出的履歷時，就算眼前沒有適當的職缺，日後一旦有合適的工作機會，一定也會很樂意再次與此人聯繫，相信每個獵人頭顧問應該也都有這樣的想法。

就是因為如此，眾多不瞭解獵人頭公司的求職者，就誤認為獵人頭公司本來就應當「免費」為他們服務，把幫他們找工作視為理所當然，有時態度甚至趾高氣昂，完全沒有意識到，在他們沒有付獵人頭公司半毛錢的狀況下，獵人頭公司為何要幫他們找工作呢？

獵人頭公司並沒有免費服務的道理，當然也有許多熱心助人的顧問，在自己能力所及的情況下，會盡量幫助一些人。但你千萬要瞭解，如果有任何獵人頭公司最後真的幫助了你，那你日後也要懂得知恩圖報，關係才會細水長流。

對於獵人頭公司來說，你能夠提供最實質的回饋，就是幫忙對方與你認識的企業牽線，讓獵人頭公司瞭解企業的人才需求，撮合獵人頭公司與企業建立合作關係，增加生意機會。另一個獵人頭公司所需要的協助，就是人才方面的舉薦。

我遇過許多人，需要找工作時對獵人頭公司畢恭畢敬，一旦幫助他們找到工作後，就變得不理不睬，不接電話也不回郵件。一個人如果不善待過去曾協助過他的獵人頭公司，將會影響他日後可能得到的協助。

有個主管過去都在中國東莞的一家工廠任職，直到一年前因為公司決定關廠而失業，他當時積極地尋求各家獵人頭公司的協助，在失業半年後，我們終於幫他找到另一個在深圳的工作機會。

等他開始工作後，我們想與他聯繫，關心新工作的狀況，但他接起電話後總是立刻說自己很忙，有空會再打給我們，但都沒有下文。

這樣過了一陣子，我們剛好也需要幫其他企業尋找有工廠設立經驗的主管，想到他可能會認識這樣的人才，所以想請他推薦，但不管是用電話或郵件與他聯繫，他都完全沒有理睬。

幾個月後，他終於主動與我們聯繫，因為他覺得自己無法適應深圳的環境，想要另謀高就。由於之前與他聯繫都沒回音，所以最終沒有合適的新機會能夠介紹給他。遺憾的是，聽說他後來又去找其他獵人頭公司，至今也都沒有消息。

我遇過相當熱心的人，就算沒有幫助到他，他也仍是三不五時就會推薦身邊的朋友或同事給我們，這樣的求職者相當聰明，透過這樣的方式，也間接地提醒了獵人頭公司他的存在；同時讓獵人頭公司感覺對他有所虧欠，所以每當有好的職缺，就會將他列入優先推薦的名單中。利用這種方式間接地推薦自己，真的是相當高明！

61

透過獵人頭公司求職，有時反而是阻礙

一旦對某個企業職缺感興趣，除了可以考慮透過獵人頭公司引薦給企業，當然也可以考慮自行投遞履歷，如果掌握得宜，效果比獵人頭公司介紹更好。

當獵人頭公司瞭解求職者的工作背景後，都會詢問他對哪些企業與工作類型特別感興趣。如果你提到有興趣的企業，剛好也是獵人頭公司的客戶，而且該企業也正在尋找類似的人才，那就可以幫雙方媒合。

當然也有去找獵人頭公司的人，心中早已對某些特定企業與職缺感興趣，所以問題就在於，如果你對某個企業有興趣，而且看到該企業所刊登的職缺，需求條件跟你的學經歷相當符合，那你應該透過獵人頭公司協助介紹，還是自行投遞履歷給該企業呢？

對於獵人頭公司來說，為了有機會賺錢，說法當然是：「找我們來跟這家企業接觸，一定比較能夠幫你得到這個機會。」但其實以企業的角度來看，如果可以的話，當然會比較希望你主動投遞履歷給它們。

這個想法就在於，企業要是透過獵人頭公司來找到人才，那事後就需要付一筆人才介紹費給獵人頭公司；但如果同樣的人主動投遞履歷給該企業，那對於企業來說，就等於是免費送上門的人選。

某家知名公司的主管因為想要追求更大的發揮空間，就想到尋求獵人頭公司的協助，希望能夠幫忙介紹合適的機會。

他得知有一家企業目前正在迅速拓展，產品的未來也相當令人期待，所以就去詢問獵人頭公司是否能夠幫忙介紹，所以獵人頭公司得到他的允許之後，也將履歷寄過去給這家企業的人資。

這家企業雖然跟獵人頭公司平時有業務往來，但比較是針對一些特定的高階職位，以避免支付額外的人才介紹費。看到他的履歷後，雖然覺得相當不錯，但礙於人事預算，最後還是跟他說抱歉。

一年之後，他仍對這家企業念念不忘，有鑑於之前透過獵人頭公司介紹，最後卻被拒絕，這次他就直接投遞履歷，也順利地得到這個機會。而他這次能如此順利，就是因為這家企業與獵人頭公司的一年合約到期，所以就算聘用他，也不需要支付任何費用。

以企業利益的觀點來看，來自於獵人頭公司的人才履歷，往往不是篩選階段的優先選擇，除非這個人選真的相當傑出。

有許多企業，就算獵人頭公司介紹的人才比它們自己找到的更好，最後卻還是因為想節省介紹費，忍痛拒絕獵人頭公司介紹的人選，使得企業、獵人頭公司跟人才三方都成為輸家。

所以你如果有自信、對特定企業與職缺的掌握度夠，可以考慮不要透過獵人頭公司，自行投遞履歷給該企業，有時反而會有更快、更好的結果。

62

透過熟人求職，要謹慎處理人情問題

透過認識的人找工作，往往是最為方便且有效率的求職方式，但如果沒有事先瞭解實際的狀況，而是片面地聽信熟人的介紹，往往會與現實有所落差。

不可諱言，找工作最有效率的方式，往往就是透過熟門熟路的人介紹，包括朋友、親戚與之前的同事。如果透過熟人的介紹，就能夠事先瞭解公司與工作的情形。雖說如此，如果你沒有自己先做一些功課，最後的實際狀況，就有可能會與預期有些出入。

熟人介紹的工作，往往都會伴隨著人情上的包袱，尤其是在你沒有工作的狀況下，他們就有可能不管職務的好壞而熱心推薦，此時你就有可能礙於情面而勉強答應。

然而，透過親朋好友推薦的工作，往往不見得一定有保障，而且到職後才發覺不適任，或是公司有相當多的問題，想要離職也不方便。畢竟如果這樣做，有可能會對彼此的感情造成傷害，影響到日後的友誼或是交情。

介紹人如果本身也是在同一家企業任職，也會因為你的工作表現，承受相當大的壓力。更不要說如果你在短時間內就離職了，他也可能覺得自己需要承擔介紹的責任，而同時提出辭呈。

有一個求職者所任職的公司，因為經營不善而倒閉。他決定先休息一陣子，再開始找工作。休息了兩個月後，他開始寄履歷給各家企業，雖然有面試，但進展都不是很順利，讓他的意志開始變得消沉。

他的舅舅看到他變成這樣也相當擔心，因為他自己剛好有開一家公司，所以就問他要不要先到他那邊工作。因為是舅舅的一番好意，他雖然對舅舅經營的公司沒有太大興趣，但因為自己身上的存款也不多，只好先答應了。

他到舅舅的公司才沒幾天，就覺得自己無法與舅舅共事，因為舅舅的做法相當傳統，讓他覺得溝通上有相當多的問題。但因為是自己的親戚，所以在公司又待了四個月，終於因為一個客戶，與舅舅發生了口角。

他當下負氣辭職，而舅舅認為原先的一番好意竟然變了調，所以也很生氣，之後再也沒有跟他、甚至他的家人說話。

這是一個時有耳聞的狀況，所以你必須要意識到，透過關係得到的工作，往往牽涉到的不僅僅是單純的工作問題，更多是人情上的糾葛，如果沒有處理好，最後失去的不是只有一份工作，還有親朋好友的關係。

每當看到一些人在職涯轉換上似乎都不太順利，一問之下，才得知他們換工作往往都是經由朋友或之前的上司介紹。就是過於相信認識的人，而疏於做任何職務上的瞭解，所以進去後才會造成問題的發生。

如果你要透過親朋好友介紹工作，一定要再三確認，並對職務有全盤性的認識、對公司有一定的瞭解，做決定時不要感情用事或聽片面之詞，這樣進公司後才不會與預期落差過大。

PART
7

寄出履歷時，
更要小心注意每個環節

63

用來求職的電子郵件信箱，勿使用不適當的名稱或帳號

求職所使用的電子郵件信箱名稱與帳號，應展現出適當的專業形象。如果名稱或帳號不夠清楚或是不適當，都將會影響得到面試的機會。

當求職者使用電子信箱與企業或是獵人頭公司聯繫時，似乎都認為對方只在乎郵件的內文，以及附加的檔案內容，但事實上並非如此而已。

當一封陌生的郵件出現在任何人的收件匣時，第一個映入眼簾的往往就是寄件人的電子信箱帳號，而我三不五時就會看到許多不恰當的寄件人名稱與信箱帳號，尤其是年輕的求職者，往往會有這樣的問題。

千萬不要認為只有郵件的內文重要，卻忽略掉你的寄件名稱與帳號，會帶給對方什麼樣的觀感。畢竟寄件人的名稱選擇，代表著你給人的第一個印象。一個正常普通的帳號，不會模糊了履歷的焦點；而一個有爭議性的信箱帳號，反而一不小心，就讓人感覺你不夠專業與成熟。

有一個求職者撥了通電話過來，介紹他的學經歷，希望我們能夠協助他，因為他最近開始找工作，但都沒有預期中的回音。他為人相當健談風趣，畢業於知名的大學，同時具備國外名校研究所的學歷，目前在一家上市公司任職，所以按照常理，求職應該不會有太大的困難。

為了要瞭解他實際的狀況，我們請他先寄一份履歷過來，看是在哪一個環節可能出了問題。沒多久我的收件匣中就收到了一封新的郵件，但寄件人名稱居然是「鹹蛋超人」，而他的信箱帳號，則是「我是鹹蛋超人」的英文！

我確認他的履歷與學經歷都相當不錯，所以看到這個信箱帳號後，就大概可以猜到企業收到他履歷時的反應。我委婉的建議他，重新申請另一個信箱帳號，來投遞履歷給企業，結果沒多久就收到好幾個面試邀請。

所以，你一定要使用適當的信箱帳號來求職，而最適當的信箱帳號，還是以簡單易懂的個人英文姓名為主。這樣的帳號還有另一個好處，就是當企業收到你的郵件時，能夠迅速地知道你的稱謂，也方便日後想要與你聯繫時，能夠迅速方便地在收件匣中找到你的郵件。

有些企業對於特定的信箱帳號相當敏感。許多人因為使用習慣的原因，從小到大都固定使用一個信箱帳號，比如免費的學校信箱帳號，或是Gmail、雅虎等。

可想而知，如果你使用雅虎的信箱，去申請 Google 這一家公司的工作，那就不會是一個明智的選擇。同樣地，已經有多年工作經歷的專業人士，卻一直沿用學校的信箱來申請工作，也顯得不夠妥當。

所以你一定要在求職前，確認包括信箱的名稱與帳號是否適當，並決定好使用哪一個信箱，會對企業留下專業俐落的印象，才能夠確保履歷寄給企業時，能夠順利得到面試機會。

64

求職投遞履歷，最忌諱使用現在的公司信箱

使用公司的電子信箱來寄發履歷給企業或是獵人頭公司，並不是一個適當的求職行為，更往往會使自己的求職動態，被目前所屬的企業所查知。

一般來說，大多數人還是都選擇使用私人信箱來投遞履歷，但也有一部分的人，卻是使用公司信箱。

許多求職者之所以會利用公司信箱的理由是，因為上班時間長，要是很晚下班後，往往就不會再使用電腦或是去看私人信箱，所以乾脆直接使用公司信箱，讓自己能夠第一時間回應徵才的訊息。

但真的要提醒所有的人，千萬不要再這樣做了，因為現在已經有相當多企業擁有監控功能的資訊系統，可以隨時查看每個人的郵件，特別是主管或研發單位的郵件與網路使用紀錄。而在這樣的系統監控下，如果你是使用公司信箱來找工作，雇主都能夠輕易地察覺。

對絕大多數的企業來說，如果應徵人選會使用公司信箱來投遞履歷，也往往反映出他的操守有問題：這個人有可能是一個貪圖方便，會利用上班時間及公司資源，來處理私人事務的人。所以你要能夠明白，這樣的做法對企業來說，並不是一位專業人士該有的表現。

有些人明知道用私人信箱求職會比較適當，但還是想用公司信箱來投遞履歷，因為他們認為目前服務於大公司，如果郵件上顯示是來自於某某知名大企業的信箱，比較能夠在第一時間抓住企業或獵人頭公司的目光。

雖說事實上的確有此可能，但這樣做同樣不是明智的行為。如此不但會影響到你與企業的關係，也會造成獵人頭公司的困擾，因為有許多獵人頭公司可能剛好與你目前服務的企業有業務往來，如果該企業透過監控郵件得知，有員工委託合作的獵人頭公司求職，這樣就很尷尬了。

有個求職者收到獵人頭顧問的電話，介紹一個公司競爭對手的工作，希望能夠盡快收到她的履歷。由於她這陣子也想要轉換跑道，所以沒有想太多，當下就用公司信箱將履歷寄出，獵人頭顧問也接著回覆她的郵件，告訴她說履歷已經收到，後續客戶那邊若要安排面試等事宜，會盡快通知她。

因為她在業界已是小有名氣的熱門人才，最後很順利的得到這個機會，但當她遞出辭呈時，主管卻問她是不是準備要跳槽到競爭對手那裡去，並表示公司握有她的往來郵件，知道她準備到競爭對手那邊工作。

主管提醒她，如果損害公司的利益，會對她與競爭對手採取法律手段，此時她才知道自己因一時疏忽使用公司信箱，反而成為她的致命傷。最後她考慮再三，仍決定先行離職，再重新找另一份工作。

所以不管你的狀況是什麼，求職這件事情應該是利用自己的私人時間、使用自己的私人信箱來進行，避免造成目標企業對你產生錯誤的印象，而失去面試的機會。

65
—

在郵件主旨中表明目的，讓人資方便查閱履歷

在履歷眾多與時間壓力的狀況下，人資往往只能夠選擇性地閱讀部分履歷，如果履歷目的不夠明確，附件開啟又耗時，就有可能先行跳過。

一旦你將履歷準備好後，接下來就是投遞給企業，而負責接收履歷的企業窗口，通常就是人資部門。在你使用郵件寄出履歷時，一定要能夠設身處地思考，當企業人資收到這封郵件時的感受。

首先要注意的就是郵件的主旨，而大多數人所寫的主旨，往往都相當籠統或空泛。比如說「產品行銷主管」，甚至「履歷」兩字。看到這樣的郵件主旨時，人資當然仍舊會去看，但看完後是否能夠留下印象則是另一回事。

除了精心準備履歷的內容外，你一定要確保讓人資想到你的履歷時，就能夠迅速地在收件匣中找到你寄來的郵件，所以郵件的主旨相當重要，而主旨至少應該包括你的姓名與應徵的職缺。

有個求職者看到有一家知名企業，正在尋找好幾個主管人才，而不同的主管分別經營不同的產品。剛好他目前負責的品項，也是這家企業的業務範疇之一，因為這家企業有相當不錯的名聲，所以他決定爭取這個機會。

他將履歷準備好後就寄了過去，而電子郵件的主旨，則簡單地註明「應徵工作」。因為他知道自己的資歷跟這個職缺相當符合，所以很期待與這家企業碰面詳談。

沒想到過了兩個禮拜，卻遲遲沒有下文。他心想這家公司相當知名，所以人資每天應該會收到相當多的履歷，所以可能回覆得比較慢，再等一段時間也無妨。但又兩個禮拜過去了，他終於按捺不住，決定來找我們協助。

我請他將原先寄給企業的郵件轉發給我，看完他的履歷與郵件介紹，似乎都沒有太大的問題，但郵件主旨很顯然不夠清楚。畢竟他沒有標明是想應徵哪一個工作，更不用說是哪一個產品的主管。

我建議他重新寄履歷給這家企業，在主旨寫上他的名字、應徵的職位與部門。這一次沒過幾天，人資就為他安排與相關產品部門的主管面試。

有些人常會把各個不同的求職文件分成好幾個附件，對於人資來說，打開一個又一個的檔案很花時間、也相當麻煩，更不要說有求職者擔心文件檔案太大，就很「貼心」地把所有的文件檔案，以壓縮檔的方式寄給人資，事實上也無形中增加了一道看履歷的程序。

你要寄履歷給企業，很重要的就是為讀者「創造方便」，而對人資來說，他們會希望一收到你的郵件時，光看主旨就知道這個求職者要來應徵什麼工作，接著只要簡單開啟一份文件檔案，就能瞭解你適不適合。

千萬不要讓自己在寄履歷給企業時，就讓人資感覺到無形的障礙，愈能讓對方輕鬆地認識自己，愈能夠增加你的面試機會。

66

將履歷寄給有決定權的主管，而不是人資單位

如果寄履歷給企業，對象除了負責該職位招募的人資聯絡人外，更可以考慮直接將履歷寄給握有該職位最終決定權的主管，增加自己得到面試的機會。

在企業對外徵才的廣告中，往往都會註明履歷投遞的對象，包括收件人的姓名、職稱，甚至聯絡電話。而這些企業所指定負責招募的人，大多數為人資部門的主管或專員。

如果你是按照這樣的規定寄送履歷，可想而知你的應徵信，與其他眾多人選一樣，一開始就先落入企業人資部門的管轄範圍，集中在同一處被檢視與篩選。

當然如果你真的相當傑出，也適合企業的某個職缺，不管履歷先給誰看，最後應該都會得到面試的機會。但如果你的學經歷並沒有比其他人出色，卻將履歷寄給同一個對象，要得到面試的機會就會變得較為困難。

每當企業有人才的需求，除非是要招募人資部門的職缺，不然人資主管應該不是做最後決定的人；而有權力做決定的人，往往就是用人單位，一般職位由部門主管決定即可，但主管職位就需要副總裁或總經理決定，而高階職位甚至要由董事會任命。

要成功得到面試機會，最好讓握有決定權的人認識你，所以如果你把履歷寄給沒有決定權的人，可能一開始就被阻擋在外。如果你能夠找出這個關鍵人物，並把履歷直接呈上，就算你本身不是最適合的人選，但至少有機會跳過屬於「守門員」的人資部門，而提高自己履歷的能見度。

要找到關鍵人物，最簡單的方式莫過於透過在該企業中任職的朋友打聽，那要找到相關單位主管的聯繫方式就不太困難。

有位某家公司的產品專員，因為公司的產品一直不見起色，所以她開始計畫尋找新的機會。她對同業的一家公司相當感興趣，也知道他們在找人，但聽說他們審核很嚴格，結果將履歷寄過去後，還真的都沒有回音。

她不想要讓自己的履歷被人資部門擋下，就想到是否可以直接將履歷寄給產品部門的負責人，但由於她不知道負責人姓名與聯繫方式，又想到有一個大學同學，目前在那間公司的業務部門任職，所以就請他幫忙。

她的大學同學把聯繫方式直接給她，她就直接將履歷寄給產品部門的負責人，並充分闡述自己的學經歷，果然負責人就請人資先跟她碰面，後續更順利地得到這個工作機會。

如果你沒有像她那麼幸運，在有興趣的企業中有認識的朋友，也可以透過網路查詢，或是加入專業的社交網站如LinkedIn來建立人脈，甚至可以直接拿起電話向企業詢問。

不要認為與企業直接聯繫不可行，其實每一通電話，都代表著多一個機會。只要你敢積極主動，與關鍵主管先行接觸，只要是好的人才，主管都會很樂意給你機會。

67 —

弄清楚獵人頭公司媒合的對象，再投遞履歷

為企業招募人才的服務公司，提供的職位有分多種不同的等級與產業，求職者要先釐清自己的位階與產業，才能夠尋求適合的公司協助。

對於資深專業人士或是高階主管而言，每當想到要轉換跑道，往往就會去尋求獵人頭公司的協助。而會去找獵人頭公司的人，現在有逐漸年輕化的趨勢，這意味著除了主管階級的人外，也有一般的上班族想利用這個管道找工作。

的確不管是年輕或資深的求職者，都有許多優秀的人才，透過獵人頭公司成功媒合到工作。但仍有相當多有意尋求獵人頭公司協助的優秀求職者，無法成功透過獵人頭公司來媒合，原因就是對這個行業不夠瞭解，也不知道哪一家適合自己。

你想要知道自己的資歷，是否有機會得到獵人頭公司的青睞，那就要先釐清獵人頭公司所尋找的人才，是否包括你的階層與產業。會這樣說，是因為獵人頭這個行業往往給人一種低調的感覺，外人通常不太清楚每家獵人頭公司的客戶與媒合的層級，這也讓一些求職者對獵人頭公司有過度的期待。

事實上，「獵人頭公司」這個稱謂，早已在求職市場上遭到濫用，在人才招募的產業中，只有不到一成的人資顧問公司，有資格稱為「獵人頭公司」。而這幾家公司，極少接受媒體的採訪，也只跟少數頂尖人才接觸，所以一般人絕對沒有聽過他們的名字，所以廣為求職者熟悉的，或是常上媒體接受採訪的，幾乎都不是貨真價實的「獵人頭公司」。

真正的獵人頭公司透過挖角方式「獵」人，往往都是年薪千萬等級以上的主管或專才，薪酬以「億」計算，在國外更是時有耳聞。而一般求職者所認識的「獵人頭公司」，往往都是透過人才資料庫來找人，是從專員到主管，從派遣職位到一般正職，無所不包的「人才仲介公司」。

有個約只有兩年工作經驗的求職者想要換工作，剛好他的上司最近準備要離職，離職前透露自己是被獵人頭公司挖角，才得到這個工作機會。他相當好奇，就請他的主管把這個獵人頭顧問的聯繫方式給他。

因為他也想要多一個求職管道，所以將履歷整理好之後，就寄給了這個主管認識的獵人頭公司，但寄出後都音訊全無，而他又接著寄履歷給其他獵人頭公司，同樣也沒任何結果。

他來找我們諮詢，想要瞭解到底為何他的履歷沒有得到獵人頭公司的青睞，其實問題就在於他的工作經歷對獵人頭公司而言並不足夠。所以，我們建議他如果想要換工作，最簡單的方式還是先從人力銀行中尋找，等再累積個三年左右的經驗，到時再去尋求「人才仲介公司」協助較好。

每一家獵人頭公司往往熟悉不同的產業與層級，現在都可以在網路上尋找到一些資料，你也可以聯繫獵人頭公司詢問自己是否為適當的人選對象，確保你的履歷寄過去後會有實際的媒合機會。

68

透過郵件與獵人頭公司接觸，請注重禮貌

求職者不是獵人頭公司的主要客戶，如果需要獵人頭公司的協助，要注意郵件溝通的語氣，有實力又有禮貌的求職者，才是獵人頭公司樂於幫助的對象。

投遞履歷給企業的求職者，態度往往都是較為謙遜禮貌的；但卻有相當多的求職者寄履歷給獵人頭公司時，態度卻與寄履歷給企業時全然不同。

我們時常收到來自於求職者的郵件，郵件內文有的會寫：「附上履歷，有合適的職缺請與我聯繫！謝謝！」這樣的郵件雖然簡略，但語氣上已經算是相當客氣了。

我還看過許多更精簡的郵件內文，有的人只寫簡單扼要的四個字：「我的履歷。」更誇張的是，有的郵件內文一個字都沒有，只在郵件主旨欄寫「履歷」兩個字。這樣的郵件不但有失禮數，更無法讓獵人頭顧問瞭解求職者的目的。

另外就是大寫與驚嘆號的使用，相信大多數人應該都知道，當你在文章裡面使用的大寫，也就代表你在強調這個字，再加上驚嘆號，就會讓人感覺被人大吼、命令你做這件事，舉個真實的例子來說：「This is my RESUME! FIND ME A JOB!!!」相信任何人看到這樣的句子，應該多少都會不太舒服。

重要的是每個郵件的結尾，都決定了收件人對於寄件人的印象。有些人至少會說聲感謝，但當有人寫信要求協助，最後卻連一句感謝都沒說時，這樣的郵件內容就很不恰當了。

有一個求職者想要尋找新的工作機會，一直以來，他找工作都是直接將履歷寄給企業，但認為自己已經有好幾年的工作經驗，應該是時候找獵人頭公司幫忙，所以自行在網路上尋找了一些獵人頭公司，然後就將履歷寄了過去。

因為他目前在知名公司任職，所以預想自己應該有一定的搶手度，但沒想到履歷寄給獵人頭公司後，卻都沒有得到回應。所以他決定與我們聯繫，一方面想要瞭解我們有沒有適合的工作機會，一方面想知道為何獵人頭公司都不理他。

我們看到他寄來的郵件裡面寫：「我的履歷！請立即與我聯絡！」內容相當簡單，同時也有些不夠禮貌。所以我們建議他的郵件中，清楚地告知求職目標，讓獵人頭公司可以瞭解他的意向，而不是只有附上履歷。

此外，也請他修改郵件內容的語氣，去除驚嘆號，並以有禮貌的口吻請求協助。後來他再寄給獵人頭公司後，就陸陸續續接到獵人頭公司的電話了。

你完全不需要對獵人頭公司卑躬屈膝，但請不要把獵人頭顧問視為你專屬的求職顧問，可以招之即來、揮之即去。獵人頭公司是你與企業之間聯繫的重要管道與窗口，所以每當你要寫任何郵件，或是要與獵人頭顧問溝通，請用最嚴謹友善的語氣來面對。每個獵人頭顧問都樂於幫助有禮貌的求職者，這也是很多人忽略掉的求職基本禮節。

69
—

不要用一封郵件，將履歷同時寄給多家獵人頭公司

與獵人頭公司透過電子郵件接觸，應注重自己與獵人頭公司的隱私，如果同時想要與多家獵人頭公司接洽，也應該分別寄給對方。

透過電子郵件寄履歷給多家獵人頭公司，這是許多人積極求職時，往往會做的一件事。但有些人可能會認為，反正獵人頭公司不是真正負責聘用的企業，所以寄履歷給獵人頭公司，不需要像寄履歷給企業一樣嚴謹。

所以，為了縮短向眾多獵人頭公司介紹自己的時間，就發了一封郵件寄履歷給某間獵人頭公司，同時也以副本寄給其他多間獵人頭公司。

如果郵件是使用密件副本的方式，隱藏自己還有跟其他哪些獵人頭公司接觸，可能還不會造成太大的困擾；但偏偏就是有些求職者，會大剌剌地就把所有往來的獵人頭顧問，直接附在郵件收件者當中。

會這樣做的人大部分是因為無知，但也有許多人是故意的。他們想把自己所認識的獵人頭公司及有往來的顧問名字透露出來，表現出他們很搶手，許多獵人頭公司都有與他們聯繫過；或是藉此表現出他們的人脈相當豐沛，認識很多獵人頭顧問。

所以他們這樣做，就是想要給郵件裡面的每一家獵人頭公司間接的訊息，同時也想要向獵人頭顧問施壓，告訴每個人：「不是只有你們公司，我同時也跟許多其他獵人頭公司聯繫，所以如果想要從我身上賺到錢，就要趕快來找我。」

他們殊不知這樣做，反而會造成反效果，更會造成郵件內的其他獵人頭公司反感，因為這樣已經冒犯到獵人頭顧問的隱私。這種行為只會讓獵人頭公司對這個求職者退避三舍，因為不注重他人隱私的人，是相當不專業且不值得信賴的。

有一個資深主管，工作多年，認識了相當多獵人頭公司，其中有些是主動找上門的，有些是同事介紹的，但她工作一直相當穩定，所以也沒有透過獵人頭公司求職過。

後來她的老闆計畫半年內結束公司，建議她開始尋找新的工作。她聽了一急，就想到有認識獵人頭顧問，為了節省寄履歷給這些獵人頭顧問的時間，乾脆直接將履歷用同一封郵件寄給他們，其中包括我們在內，之後卻沒有半個獵人頭公司與她聯繫。

她就打電話來詢問我們原因，我們告訴她，這樣寄履歷的方式，會讓每一家獵人頭公司收到後都感到尷尬，更會認為反正她已經有跟其他獵人頭公司接觸，所以不需要協助。除非她的資歷真的很搶手，不然獵人頭公司更會擔心跟她接觸後，她可能會對其他獵人頭公司洩漏媒合中的企業職缺。

你這樣做可能只是純粹偷懶，認為將履歷一封一封寄給不同的獵人頭公司太花時間，但若你連這點時間都不願意投入，將不會得到獵人頭公司的尊重與信賴，而失去可能媒合的機會。

70

履歷重複投遞多次，有可能引起負面觀感

獵人頭公司欣賞不輕易將自己的履歷寄出去的人，求職者一旦重複寄送履歷到同一家獵人頭公司，往往會造成此人不夠優秀，找不到工作的印象。

對於待業已久的人，或是急著換工作的人來說，一定都感到相當焦慮，但你一旦急著找工作，履歷表也往往就開始胡亂投遞。

對於獵人頭公司而言，最不欣賞的一種求職者類型，就是一直死纏爛打，重複投遞履歷的人。有些獵人頭公司會在網站上列出許多不同類型的職缺，而有的求職者看到後，不管這份職務適不適合，就會對每個職缺濫投履歷。

可想而知，如果獵人頭公司列出一百個工作機會，這樣的求職者就會重複投遞履歷給這一百個職缺，使得獵人頭公司收到一百份一模一樣的履歷，這對於獵人頭公司來說，就會感到相當困擾，更往往直接把此人列入黑名單。

對於這樣大量重複投遞履歷的行為，反而會讓獵人頭顧問不知如何跟此人聯繫，因為他們不想被一個急著找工作的求職者糾纏。而這也衍生出一個惡性循環的現象：因為沒有回覆此人，所以這個求職者更感到焦慮，過沒多久又再一次同樣的履歷給同一家獵人頭公司。

如果你想要與獵人頭公司接觸，就要瞭解只要寄過一份履歷表後，除非自己換新工作，不然就不需要再寄一次。就算你對獵人頭公司所刊登的好幾個職缺有興趣，也只要寄同樣的一份履歷即可，只要在郵件中告知你對哪幾個職缺有興趣就好。

有一個人在一家工廠服務了三十年，本想要再做幾年就退休，沒想到工廠卻發生了一場火災而關廠，使得他與一群同仁雖臨屆退休年紀，卻需要重新找工作。因為過去沒有太多的求職經驗，所以他也感到相當茫然。

他一方面每天上人力銀行網站，投遞履歷給幾十家不同的企業，同時也想可能可以透過獵人頭公司，媒合比較好的工作。所以他一旦看到獵人頭公司釋出新的職缺，就立即投遞一份履歷。

他本以為這樣積極地寄履歷，企業或獵人頭公司應該會有所回應，卻都完全沒有消息。他過去擔任廠長，但除了生產管理工作外，也投遞包括業務行銷、金融管理、人力資源等不同的職務，以及製造業以外的行業。

我們也收過他寄來的十幾份履歷，感覺到他相當無助，也沒有人糾正他這個觀念，所以就請他來諮詢。我們請他先暫停投遞任何履歷，專注在生產管理的職缺目標，好好將自己的長處在履歷中呈現，並只投一份履歷給企業，最後終於有一家公司願意給他一份工作。

當你愈急著找工作時，反而就愈要提醒自己，管理你寄出履歷的數量，並加強文件的內容品質。你更要掌握所有寄出履歷的流通去向，以避免履歷數量失控，而造成企業對你產生負面的評價。

71

初次與獵人頭公司接觸，就要主動提供履歷表

如果想要透過獵人頭公司求職，就要選擇相信他們能夠妥善保護自己的個人資料與隱私，如果沒有這樣的信任，就不應該跟獵人頭公司接觸。

幾乎每個第一次寄信給獵人頭公司的人，都會在郵件中附上自己的履歷。但也有一些人並沒有先將履歷附在郵件當中，只是簡單地介紹自己目前從事的產業與職位，希望有合適的工作機會再與他們聯繫。

看到這樣的求職郵件時，我們通常就會請這些人提供一份完整的履歷，但卻常常被冷冷地拒絕。這些求職者總是希望我們先提供一些工作機會，如果有興趣才會考慮要不要寄履歷給我們。

我當然能夠理解，求職者對於未曾往來的獵人頭公司存有戒心，但保護個人資料的隱私，是獵人頭公司的基本道德。當然在獵人頭這個行業中，還真的有少數的害群之馬，但絕大多數都是循規蹈矩的公司。

履歷表是獵人頭公司為企業配對人選的必要文件，所以如果你希望獵人頭公司將你介紹給企業，那顧問就一定要先透過履歷，瞭解你的專業經驗與技能，才會確保與你聯繫不會浪費彼此的時間。

如果你堅持一定要先有合適的機會，才願意提供自己的履歷，那前提是你一定要有相當的知名度，比如說你是一間全球知名企業中的高階管理階層，尤其是你過往在哪些企業任職，在這業界早有耳聞。

如果你還不到那樣的知名度與資歷水準，那就不太建議你擺出高姿態，因為這樣反而容易引起獵人頭公司的反感。畢竟真的有太多的求職者，過於高估自己的求職身分與職場地位。

有個求職者目前在一家上市公司擔任主管，因為在這家公司已經有接近十年之久，她想要嘗試轉換跑道，考慮到自己比較資深，就來詢問我們是否有合適的機會。

之前她換工作時，並沒有透過獵人頭公司媒合過，對於第一次這樣做，她也是格外謹慎。由於不確定我們會如何處理她的履歷，所以就先寄了一封郵件，大概介紹自己的經歷，卻沒有提供目前服務的公司，也沒有完整的履歷內容。

我們收到她的郵件後，打電話請她提供一份完整的履歷，也怕她會對提供個人資料有疑慮，所以直接邀請她碰面討論，認識彼此。

但她卻很直接地拒絕我們，表明如果有合適的機會再要求她寄履歷或碰面也不遲。我們對她的想法只能尊重，但因為她沒有留下任何履歷，也就代表她沒有資料在我們的人才資料庫中。日後如果真的有適合她的職位，顧問們也沒辦法在資料庫中尋找到她，當然介紹工作給她的機會也幾近於零。

所以，你一定要相信專業的獵人頭公司，並願意提供完整的資料，只要你留下配合度高的印象，相信會有許多獵人頭公司願意介紹機會給你。

72

每當與獵人頭顧問會面，就要有專業的表現

與獵人頭顧問會面，並不只是兩人碰面聊天，而是一個正式且專業的面談。與顧問會面之前、過程與事後，都要如同與企業面試般面面俱到。

大多數的人準備與獵人頭顧問第一次碰面時，往往都是嚴陣以待，想把自己最好的一面拿出來。但也有相當多的人，認為獵人頭公司不是徵才企業，只是雙方的中間人，所以就會以輕鬆的態度來面對。

你的態度當然可以很嚴謹、也可以很輕鬆，但要與獵人頭顧問交流，唯一的重點就是表現要不失「專業」。這是很現實的，第一次與一個陌生的人碰面，就會對這個人有了初步的印象，這次的印象往往會產生一個「難以改變」的評價。

而你可能不知道，在你與獵人頭顧問碰面後，所有的顧問都會把對你這個人的外在、個性、溝通談吐、專業能力等看法輸入到資料庫中，這些描述的評語都相當直接，不經修飾地放在你的個人資料檔案裡。

這些對你的評價是被永久保存的，日後也會被其他不認識你的顧問查詢，作為是否推薦你為某些職位人選的依據。

所以你可能會想：「那我就把最好的那一面，在與獵人頭公司第一次碰面時就拿出來，有了好印象後再碰面就可以輕鬆些。」然而你要瞭解，獵人頭公司就是要隨時隨地掌握求職者的狀況，才能夠介紹適任的人選給企業，所以就算是碰過面，之後你在溝通上仍需要拿出專業的態度。

獵人頭顧問不欣賞沒有禮貌的求職者，但就算你犯錯也不會指責你。比如你遲到有說對不起，顧問也會跟你說沒關係，但事實上當然絕對有關係！而且失約、遲到這個問題，一定都會被顧問寫到個人資料中，提醒其他顧問你有時間管理上的缺點。

我們收過一個求職者的履歷，她的資料令人驚豔，一流的學經歷背景，讓我們覺得她將會是一個很受到企業歡迎的人才。結果我們約早上十點碰面認識，卻等到了十點半她才姍姍來遲，對此她也當場跟我們說了聲抱歉，因為有個臨時的會議拖延到，但她卻沒有撥通電話事先告知。

雖然如此，一個禮拜後，我們剛好有一個工作機會可以介紹給她，所以約她再次碰面討論。結果約了下午五點的時間，她卻又再次遲到了四十分鐘，這次她歸咎於塞車的原因。她對時間的觀念與掌控，讓我們失去了信心，沒想到介紹她去客戶那面試，也被客戶抱怨她遲到了二十分鐘，之後她的個人資料頁面上就被加註：「三番兩次遲到，要介紹她工作請小心。」因為看到這個評語，後續也沒有其他獵人頭顧問敢介紹工作給她了。

所以，如果你要尋求獵人頭公司協助，一定要以最佳的狀態來與顧問碰面，不然一次的印象，就會很難洗刷得掉，也會影響到未來顧問幫你媒合的意願。

73

記錄應徵過的工作，別讓獵人頭公司重複媒合

忠實地記錄自己應徵過的企業職缺，千萬不要透過獵人頭公司，重複投遞自己的履歷，這樣將會造成企業與獵人頭公司的困擾，產生不必要的商業糾紛。

許多求職者要找工作時，會同時跟多家獵人頭公司接觸，同樣的道理，許多企業也會同時間委託多家獵人頭公司，為同個職缺尋找人才。

有跟獵人頭公司打過交道的人，應該都知道當獵人頭顧問介紹一份工作給你時，你一旦知道企業名稱與職位後，表達興趣並請顧問幫忙媒合，就代表你已經委託該獵人頭公司擔任這個職缺的經紀人。

但還是有許多人似乎不太理解這個規則，所以有人可能今天去A獵人頭公司，明天去B獵人頭公司，後天去C獵人頭公司，結果因為這個人是某個職缺的不二人選，所以三家獵人頭公司的顧問，都介紹同一家企業職缺給他。

重點是，當他答應A獵人頭公司幫自己跟這個企業接洽，就算隔天B和C獵人頭公司告知可以幫他介紹這個職缺，不管說什麼，他都絕對不應該讓B和C獵人頭公司將他的履歷，再次介紹給該企業。

企業通常是以所謂「先到先贏」的方式，來審核收到的人選履歷，也就是說一旦成功媒合，最後就付錢給先寄履歷給企業的那家獵人頭公司。所以，獵人頭公司都會講求速度，也造成一些不專業的獵人頭顧問，會在未經允許下，就把你的履歷寄給企業，造成履歷重複寄送的狀況。

另一個狀況就是，你之前已經自行應徵過該企業職務，結果之後又請獵人頭公司幫忙，同樣會造成企業的困擾。

有一個求職者看到一家企業刊登的職缺，感到相當有興趣，就將履歷寄了過去。結果一個禮拜都沒有消息，所以他想說大概沒有機會了。

這時有一家獵人頭公司打來，問他對某個職位是否有興趣，正是他之前應徵過的職位。他心想反正自己寄過去都沒有消息，大概是企業沒有收到，也沒有主動告知獵人頭公司自己曾寄過履歷，這家獵人頭公司就將履歷寄給該企業的人資。

人資收到後，就發現似乎有收過他的履歷，但因為負責面試的主管出差，所以第一時間沒有跟他聯絡。人資本來想安排他面試，但不想跟獵人頭公司發生履歷來源的糾紛，所以跟獵人頭公司說明原委後，雙方都決定放棄他的履歷，使得他最終失去這個工作機會。

企業對於會重複投遞履歷的人，評價都會有所貶抑，畢竟這是對於自身資料的管理，也間接代表你的成熟度。

每封履歷表寄出去前，不管是直接寄給企業，或是給獵人頭公司應徵職缺時，都一定要再三確認該企業過去是否曾收過你的履歷。所以，請好好地將你過去應徵過的企業職缺記錄下來，確保沒有重複投遞履歷的狀況發生。

74

主動回覆獵人頭公司，才能先掌握工作機會

與獵人頭公司維繫著良好的互動關係，往往會對求職上有所幫助。先回覆獵人頭公司的人，不但能夠搶占先機，更能留下配合度佳的印象。

許多求職者都會相當期待收到獵人頭公司的消息，畢竟會被獵人頭公司聯繫的人，也代表他們在專業上受到一定的肯定。但也有許多優秀的人，收到獵人頭公司的聯繫時，除非是對工作內容感到極大的興趣，不然往往不予理會。

獵人頭顧問都會主動跟適任的求職者聯絡，大多時候是先透過電話詢問是否有意願換新工作，但許多人因為上班時間繁忙，或是在辦公室不方便接聽電話，所以就沒辦法第一時間聯絡上。

針對這樣的狀況，獵人頭顧問除了後續會另外挑時間電話聯繫外，也會先發個郵件通知對方，請他們方便時主動回覆，甚至直接提供職缺訊息，以便瞭解是否對該職缺有興趣，但許多人往往看到郵件後也一樣不予理會。

因為他們認為，如果收到工作內容的介紹後，覺得沒有興趣，就沒有必要搭理。但有的人明明就對工作內容感興趣，卻覺得獵人頭顧問如果認定自己是適合的人選，就會再次來電，所以自己就先按兵不動。

事實上，對於獵人頭公司來說，因為某些職缺的人選眾多，只要已有足夠的人選，就有可能不會浪費時間，再次打電話去一一聯繫那幾位沒有回應的人。如果有人選先確認有興趣，就會優先將他的履歷介紹給企業。對該職缺沒有興趣的人，當然覺得無所謂；但如果是有興趣的人，選擇不回覆就相當可惜了。

有個人在開會時手機突然響起，他看到來電顯示為陌生電話號碼，所以就沒有接電話。開完會後，他看到收件匣裡多了一封新郵件，原來是一個獵人頭公司想要介紹職缺給他，裡面也附上工作資料，請他方便時回覆或回電。

因為上班時間要光明正大地看這封郵件不太方便，所以他下班回家才得以抽出時間詳讀。雖然初步對這個職缺相當感興趣，但還是有一些疑問，想要向獵人頭公司詢問，然而每天事務繁忙，所以就暫時沒有時間考慮，也都沒有回覆獵人頭公司。

接下來幾天，獵人頭公司都沒有再次來電，他等了一個禮拜後，終於按捺不住撥了通電話，聯繫寄信給他的顧問，想要更加瞭解這個工作機會。可惜的是，顧問已經介紹幾位合適的人選給企業，且該企業相當有效率，面試人選已經到了最後階段，所以他就失去了這個機會。

如果你看到獵人頭公司來信介紹工作機會，不管有無興趣，最好都還是給予回覆，畢竟簡單的幾句話也不會占用太多時間，更可以藉這個機會，認識一個對自己未來會有幫助的人，讓自己在求職市場上多一個朋友。

75

電話是求職必要的花費，不要連這種費用都想省

在求職的過程中，展現的不僅僅是自己的學經歷，還有自己為人處事的格局。千萬不要吝於花錢，請主動打電話跟企業或獵人頭公司聯繫。

想要找工作，一定需要與企業或是獵人頭公司聯繫，而除了郵件外，市內電話或個人手機更是不可或缺的求職工具。但由於寄電子郵件方便且免費，所以絕大多數的人，都還是選擇使用這種方式與企業或獵人頭公司聯繫。

某些求職者可能因為經濟狀況不佳或是生性節省，如果迫不得已要主動用電話與獵人頭公司聯繫，就可能會向對方說：「您好，想跟您討論一下我目前的狀況，我目前在某間公司任職，最近工作上有些問題，想聽聽您的意見……喔，對了，我現在用手機打，您可以打給我嗎？」

當然，對於注重人際關係的獵人頭顧問來說，聽到對方這樣要求，就算心裡覺得不舒服，但還是會立即回電給他。而有些求職者就是因為這樣不用花到自己的錢，接下來講起話來就不急著講重點，一轉眼間就講了半個小時，甚至更久。

明明就是你打電話來有求於獵人頭公司，結果卻要求獵人頭顧問打給你，這樣的人會有多大的格局？

會提出如此要求的人，往往是剛畢業的年輕人跟工作沒幾年的上班族。我能體諒年輕的求職者賺的錢不多，但為了省那一點電話費用，而提出這樣的要求，讓人誤以為他是小氣吝嗇的人，未免太不值得了。如果今天他們是想跟企業聯繫，相信就不會電話只講幾句，就要求企業打給他了吧？

曾經有一個求職者打電話給我，在寒暄幾句後，因為他是用手機，就說自己現在人在外面收訊不好的地方，再過半小時就會回到公司，到時會再跟我聯繫，聽了我當然說沒問題，接下來就等他電話。

過了半小時後，他打了電話過來，還沒等我開口就直接說：「我手機快沒電了，你打給我吧！」我還來不及反應過來，電話就被他掛斷了，我因為沒有他的其他聯絡電話，所以就回撥他「快要沒電」的手機，結果一講就是一小時。

日後，每當他與我聯繫時都會如此要求，也時常講了很久。之後有一家企業委託我們找人，他的資歷剛好相當適合，所以我們就介紹他給這家企業，通過各關面試後，他也得到了這份工作。

結果才做了三個月，他就被企業資遣了，畢竟他的學經歷相當不錯，所以我們也相當錯愕，結果企業告訴我，原因是他每次漏接電話都不回，卻被動地等對方再打來，因而得罪了許多主管與客戶，最後只好請他走人。

一定要認清是誰有求於人，如果你真的需要幫忙，應該是你要主動聯繫他人。如果你只會占對方便宜，一旦未來有合適的工作職缺，獵人頭公司就可能不會想要介紹這個機會，給一個連電話費都斤斤計較的求職者。

76

郵寄或親自遞送履歷，能增加履歷的能見度

寄履歷給企業的方式，不是只有透過電子郵件或是人力銀行而已，要懂得採取與他人不同的寄件方式將履歷遞送給企業，才能增加被閱讀的機率。

當每個人都習慣透過郵件或是人力銀行來寄履歷，代表履歷的傳輸方式以及最終的目的地都變得一模一樣，這也間接透露了一個事實：你的履歷先被人資看到的機會，並不會高於其他人選。

所以，如果你採用不同於他人的方式來寄履歷給企業，你的履歷被閱讀的機會就會倍增。而所謂不同的方式其實相當傳統，就是以掛號郵寄甚至親自遞送的方式，來將履歷交給企業。

事實上只要如此做，就更有機會讓人資看到你的履歷，也會更有機會讓你的履歷，透過人資直接送到握有決定權的主管手中。

讓企業直接收到實體的履歷，絕對會有一定的效果，雖然準備上比較花時間，但這樣的方式能夠確保履歷確實送達；而透過郵件或是人力銀行寄送的履歷，卻往往因為人資收到過多履歷而被忽略掉，讓有些本來應該適合的人選，卻連被看到的機會都沒有。

有個求職者在國內一家公司任職多年，因為公司發展上一直沒有新的突破，讓他興起了轉職的念頭。他在人力銀行網站上，看到一家外商公司在徵才，跟他的資歷相當符合，所以就透過人力銀行網站將履歷寄了過去。

因為他鎖定的是許多人都夢想進去的公司之一，競爭相當激烈，所以遲遲都沒有任何消息，他也感到相當失望，畢竟自己明明就相當適合，也熟悉目標職缺的工作內容，同時也相信只要有面試機會，就可以充分地展現自己的能耐。

在等了兩個禮拜後，為了爭取這個面試機會，他來找我們諮詢討論，希望瞭解自己哪方面有所不足，能夠立即改進，進而得到面試的機會。我看過他的履歷後，覺得他的學經歷的確不是問題，問題在於要讓對方看到他的履歷。

我建議他先確認負責招募主管的姓名與職稱，然後將履歷印出來，使用比一般用紙更有質感的紙張，以郵寄掛號的方式寄給對方。沒想到不出三天，該企業的人資部門，就邀請他來參加面試，最後也得到了這份工作。

如果你想要以親自遞送的方式，將你的履歷交給企業，那一定要注重基本的禮貌。最好將裝有履歷的信封，交給該企業櫃檯接待處的人員，而信封上當然要署名負責招募主管的姓名與職稱。

如果你擔心企業的櫃檯人員，沒有即時轉交信件給相關主管，你也可以考慮將裝有履歷的信封，以掛號快遞的方式寄給企業，一旦企業的櫃檯人員收到這樣已經事先署名的文件包裹，都一定會轉交給相關單位的人員。

透過這樣主動的方式，一定可以讓負責招募的主管收到你的履歷，只要學經歷適合、履歷呈現專業質感，都會比其他只透過郵件或人力銀行寄送履歷的人選，更有可能得到面試機會。

77

履歷在適當的時間投遞，就能增加被閱讀的機會

履歷最佳的投遞時間，不是按照自身最方便的時間，而應該是按照企業作息的時間。在對的時間點投遞履歷，將能夠增加履歷先被閱讀的機會。

要順利地得到一個面試機會，除了要將履歷投遞到正確、適合的職缺外，更要在最適當的時間將履歷寄過去。所謂最佳的時間，並不是成為第一個先將履歷寄過去的人，因為就算如此，如果在不對的時間點，也有可能讓你失去先機。

大部分的人都習慣在人力銀行網站上搜尋工作，而一般人都只會把目光放在職缺的介紹，特別是企業背景與工作內容的部分，但事實上有一個許多人都會遺漏掉的訊息，那就是該職位刊登的時間。

如果這是一家眾所皆知的知名公司，有興趣的人最好把握在三天內去應徵這個職缺。之所以會以那麼短的時間為基準，就是因為一般知名大企業於職缺開放的第一週，應該就會收到許多有興趣且可能合適的人選應徵。

當然，就算是第二週過後，也同樣會有合適的人才投遞履歷，但問題就在於企業可能第一週就收到足夠的面試人選，所以無暇去處理第二階段的履歷，而使得適合的人選因為太晚投遞，只好暫時被擱置一旁。

此外，履歷投遞的時間也要特別注意，尤其有些上班族工時長，往往下班回到家，都已臨近就寢時間，想要上網尋找可能的工作機會，都要三更半夜或等到週末才有空抽出時間。此時看到合適的職缺，往往就不加思索，當下就將履歷整理好寄出去。

如果是外商公司，負責處理招募的團隊在歐美國家那倒還好，但可想而知，如果是傍晚下班後才投遞履歷給國內的企業，那隔天人資收到履歷時，你的這份履歷一定會在收件匣的最底下。

有一個求職者想要換工作，但因為平日下班時間晚，所以就算想要寄履歷給企業，回到家也已經相當疲倦，所以決定趁週末來進行。

他在人力銀行網站上搜尋，找到一個他相當喜歡且適合的職缺，所以他立即將履歷更新後，就寄去給該公司。他雖然有信心一定有面試機會，但一個禮拜過後卻沒有消息。

他不知道要怎麼辦，所以來找我們諮詢，我們建議他如果真的很有把握，那就直接打電話過去詢問狀況。所以他也鼓起勇氣，主動打了個電話給企業，才知道人資似乎沒有收到，顯然因為有太多郵件，所以對方根本沒看到他的履歷。

人資請他立即再寄一次履歷，看到後也覺得他相當不錯，隔天就幫他安排面試。這也讓他瞭解到，如果一開始就在更適當的時間投遞履歷，就不會有這樣的問題發生。

所以你的履歷投遞時間，最好選在企業的上班時間，而且最好是一週的中間，而不是忙碌的禮拜一或沒人上班的週末，才能增加履歷的能見度。

PART 8

掌握這些，面試一次就達陣

78

依照自己的情況，安排最有利的面試時間

收到企業的面試通知時，對於面談時間的安排，並不需要第一時間接受，而應該適度考慮自己的時間與狀況，來為自己爭取最佳的時段。

對許多求職者而言，一旦企業安排好面試時間，往往就會盡量配合，甚至早上通知、下午面試的狀況，也會無奈接受。但如果要去這樣的面試，除非你早已有準備，不然真的沒有必要接受這樣的面試邀約。

如果你接到企業的面試通知電話，建議你當下先壓抑住興奮，並跟企業說自己現在不太方便講話，請他們寄一封郵件，告知面試的日期、時間、地點、面試主管姓名與職稱，並承諾對方你收到後，就會立即去電確認。

接著，檢查自己的行事曆，考慮面試前自己是否需要一些準備的時間，然後再去電告知企業是否可以配合，不行的話，就應該要立刻建議其他時間。

如果是難度高的電話面試，面試當天一定要找到安靜的地方，而且事先確認通話品質與音量。如果是與國外視訊面試，不管是在公司或是在家用Skype，都一定要預留時間測試影像及聲音傳輸是否正常。

視訊面試往往因為電腦與網路的速度，而造成影像傳輸的時間差，使得對方看你時，影像及聲音有可能不夠清晰，因此你的動作與表情要盡量穩定，但說話音量可以放大及放慢速度，這樣對方接收到的訊息會比較清楚。

如果是一般面對面的面談，你更要考慮企業所建議的時間，是否對你最為有利，最好是把時間安排在你個人作息狀態最佳的時段，或是主管心情可能較為輕鬆的時段，比如禮拜五下午，因為心情輕鬆，所以聊的話題與氣氛都會更好。

有個求職者將自己的履歷，寄給了一家外商公司，申請行銷專員的工作。履歷寄出沒幾天，他上班時就接到一通陌生電話，原來是該公司想要邀請他來參加面試。

該公司人資跟他說，這個工作將會由國外來的亞洲區行銷主管來面試，而主管只有星期四與星期五這兩天方便，面試完後約三天就會做出決定，所以詢問他是否能夠配合星期四早上的面試時間。

他請人資先寄面試通知給他，讓他確認禮拜四早上的行程，再第一時間回覆。本來他想要同意這個時間，但又覺得既然主管禮拜五似乎也可以安排面試，為了給主管留下最深刻的印象，他便去電詢問人資，是否可以幫他安排為禮拜五最後一個面試者？

很幸運地，該時間主管可以配合，而他也為了這個面試，額外準備了許多資料以及市場數據，結果面試相當成功。也因為他是最後一個面試者，一如預期地讓主管印象深刻，當場就給了他這份工作機會。

所以，收到面試通知時，一定要給自己一些緩衝時間去思考，為自己創造最有利的條件與爭取最適當的時間，等讓自己有把握時再上場。

79

事先調查面試的主管，瞭解對方的喜好

面試的成敗，往往在於是否跟面試主管契合，而要創造這樣的感受，就要與對方有共通點，或是對某些話題有所共鳴，所以事先瞭解面試主管相當重要。

面試一旦開始，你不但要讓面試主管瞭解自己的學經歷，是最符合公司目前需求的人，同時更要讓主管覺得你跟他將會是能夠一起共事的人。

要做到這點，就要能夠與面試主管產生「連結」，而要成功地建立連結，往往就要找到彼此的共通點；但如果你本身跟面試主管沒有共通點，那就要想辦法在討論的話題中，與之產生一些思想上的共鳴。

所以對你來說，去面試前最好先對負責面談的主管有所瞭解。特別是如果這一份工作，是獵人頭公司幫你引薦的，那最好請獵人頭顧問與你分享他所知道的消息，比方說這個面試主管的經歷背景、個性等。此外，也可以嘗試在社交網站上，尋找面試主管的消息。

如果是由總經理或是董事長這樣高階的人士來負責面試，通常你都可以透過網路上的新聞，瞭解他們過去在媒體上的發言，以及日常生活中熱中參與的活動。一旦掌握這些資訊後，就能檢視自己，是否也有類似的價值觀以及興趣。

如果有的話，你可以在面試過程中，不經意地對面試主管可能會有興趣的話題，提出你的看法，無形中讓面試主管知道，你們雙方可能有一些相似之處。

有一個人準備去參加一家公司的面試，而他為了更充分地準備，事先詢問人資當天面試主管的姓名。他上了社群網站搜尋，赫然發現該主管平時熱愛騎單車，目前還組織了一個單車團體，也常在網路論壇回答車友的問題。

剛好他自己本身假日也喜歡騎車，也常遠征外地，與這個主管有同樣的興趣。面試當天，因為該公司離家不遠，所以他就刻意騎單車過去。主管見到他時，先輕鬆地問他怎麼來的，他就回答說為了方便就騎單車過來。

主管聽了眼睛一亮，不禁說出他也是每天騎車上班，因為自己相當喜歡這個運動。因為如此，接下來雙方只是簡略地討論一下公司與工作，話題反而都是在交流彼此到外地遠征的經驗。

最後他就跟主管說，很高興雙方有類似的興趣，希望未來有機會，能夠與主管一起共事，也相信如果有這樣的機會，主管將能夠讓他更快地融入到新的工作環境。事後，他當然也順利地得到這份工作。

如果你與面試主管並沒有相同的興趣，也沒有類似的工作背景，那就要能夠將心比心，回答問題時，要能夠考慮到面試主管的利益，讓他覺得你為他設身處地著想，當然就會覺得跟你一拍即合。

面試重要的不僅僅是內容，而是溝通的頻率是否一致，只要掌握住面試時的氣氛，清楚彼此的需求喜好，就能夠增加面試成功的機率。

80—

注意自己的外在形象，展現自我管理能力

是否能夠得到一份工作，成敗往往就在面談相見的那一瞬間，第一眼的印象，就會決定這個面談的氣氛，更會影響到問題內容的難易度。

企業會以貌取人，在求職市場上早已不是什麼新鮮事。尤其是需要站在第一線，與客戶或廠商打交道的職位，企業對於外貌的要求，有時更甚於專業能力。就算已有法令明文規定，企業不能以求職者的容貌與五官予以歧視，但這似乎仍無法改善這個潛規則。

有許多企業委託獵人頭公司尋找人才時，事實上都希望人選的外貌有一定的水準，同時也想避免觸犯法令，所以都會用各種明示或暗示的方式，來讓獵人頭公司知道，人選除了專業與經驗要符合，外在最好也「順眼」。

所以面試成功與否，很有可能就在面試主管看到人選的那一瞬間，就決定了面試的氣氛甚至最終結果。一旦見面後，剩餘的面試過程對於主管來說，僅僅就是用來印證自己的第一印象，不管接下來聊多久，可能都是同樣的結果。

只憑外觀就決定了對一個人的看法，雖說真的很難讓人心服，但這是一個需要正視的事實。如果你沒有將自己打理好，讓自己呈現出一個專業與正面的形象，那也很難要求企業主管，給自己一個公平的看法。所以與其抱怨企業膚淺，不如先更嚴格地要求自己。

當然，每個人的長相都是與生俱來的，也沒有必要去改變，能夠改變的外在，就是你可以掌握的服裝儀容，除了穿著要專業外，你更要考慮到目標企業員工的穿著方式，來呈現自己最適當的外在。

有一個求職者在一家高級的義大利服裝品牌公司擔任公關專員，她得知有一家法國服飾品牌即將進來國內，將會招募許多專業人才，其中包括公關人員。於是她立即將履歷寄給對方，因為她的公關資歷相當完整，也同時具備服飾品牌操作經驗，所以該公司邀請她與公關總經理面談。

結果公關總經理一見到她，才寒暄幾句，就很客氣地跟她說：「對不起，我想妳並不適合。」她聽了相當訝異，畢竟都還沒有機會與總經理分享自己的能力與經驗。

但總經理也很直白地跟她說：「目前跟我面談的人選，許多人都是刻意穿著我們公司品牌的服飾，不管他們是穿當季或過季的衣服、是用買的或借的，都代表他們真的很用心。對公關來說，我們就是公司的門面，出去就是要代表公司，如果妳無法在面試時就做到這一點，那妳已經輸給很多人了。」

所以，與其等到開始回答面試問題時，再全力以赴地推銷自己，倒不如一開始就確認自己的穿著是否適當。你的實力不是唯一的賣點，外在也是展現自我管理能力的一部分。給面試主管最佳的印象，才會得到更多的機會。

81
面試當天保持愉悅，懂得主動協助他人

面試當天請盡量保持愉快，更重要的就是一旦離開家門後，言行舉止都要更為謹慎，有必要時更要主動幫助他人，為自己帶來正面的能量與心情。

有些人總是等到進入面試企業的辦公室時，才會上緊發條、集中精神，面對負責與自己面試的主管。然而，更謹慎的人只要踏入面試企業的門口，就會開始注意自己的言行舉止。

緊張是面試當天常見的狀況，情緒與精神上也相對地較為緊繃，從進入面試企業的勢力範圍，自然都會如此，但是如果你想要讓自己準備得更完善，從出門後到企業面試的途中，無論何時都請保持微笑，如果看到認識的人記得打聲招呼，讓自己維持好心情。

面試當天你可能會對周遭出現的人，或是遇到的事情變得較不耐煩，也沒有心思去理會，甚至有可能在去面試的途中遇到不太友善的人，但也不要因為如此，而讓自己產生負面的想法。

有些人一遇到狀況，心裡就會開始想：「今天大概是不順利的一天，待會兒就要面試了，怎麼還發生這種事情？」一旦你有了負面的情緒，往往就會影響到你面試時的表現。

所以，為了保持良好的心態，如果在面試途中遇到需要幫忙的狀況，在時間充分的前提下，建議你主動、順手協助他人，這樣會讓自己一整天都充滿了快樂的能量，相信會對你接下來的面試有所幫助。

有個人接到一家企業的來電，邀請他三天後參加一個總經理特助的面試。為此他花了一些時間準備，瞭解了這家公司的產品與通路狀況，期待在面試時，能夠與總經理有深度的討論。

面試當天，他準時到該公司的辦公大樓樓下，看到許多人等著搭電梯上樓。除了一群穿著正式，似乎也是準備參加面試的人外，也有幾個穿著較為輕鬆，看似為大樓訪客的人。

結果電梯一開，就有幾個人搶先進入，且不論男女都退到電梯角落，無人壓住電梯按鈕，讓後面的人有充分的時間進來。看到這個情形，他進去後就選擇站在門邊壓住電梯按鈕，一邊要大家不要急、慢慢進來。

之後他進入了會議室，才發現剛剛等電梯的人中，竟然包括公司的總經理與副總，他們兩人看到他時，都先主動稱讚他在電梯裡的行為，覺得他懂得體貼他人，與其他面試者相當不同。大略與他討論這個職務後，當場就給了他這個工作機會。

善待他人往往會獲得對方的感激，也會使你充滿著幸福感，而這樣的感受，往往會正面影響你的心情，更會讓你在面試時充滿了自信。所以建議你面試當天，不要抱著遠離麻煩的心態，對周遭所發生的事情不聞不問，有時熱心一點主動協助他人，有可能為自己帶來好的面試結果。

82

名片不只是一張紙，它能夠決定面試的成敗

收到名片後如何處理，往往會影響企業主管對人選的觀感，而求職者也應該把握機會，利用名片上的資料來創造話題，為自己的面談加分。

名片的交換，是面談前雙方「破冰」的過程，這個看似簡單的行為，卻有相當多的求職者，往往就在這個環節失去了工作機會。

最常見到的狀況就是求職者沒有將名片準備好，所以在面試主管大方地把名片給他後，才開始在身上的口袋與皮夾中到處尋找，一旦他表現出慌亂的樣子時，主管對他的評價已經瞬間降低了許多。

如果你這時才發現自己忘了帶名片，與其像許多人直接脫口說「忘了帶」，不如先跟對方致歉，表示你的名片剛好用完，並承諾會再補寄給他，事後更要說到做到。

有的人拿到名片後，整個面試過程就一直將名片拿在手上，一邊說話、一邊拿著它揮舞，講到激動處還會拿它敲桌，甚至無意識地拿在手裡把玩。當主管給你名片時，你應該將它放在你的眼前；同時和好幾個主管面試的話，可以按對方的座位順序將名片排好，讓自己在回答某人問題時，不會叫錯對方的名字。

千萬不要拿到名片後，看也不看就塞到口袋中，這樣相當地不得體。收名片時不但要雙手接住，且確認對方的姓名與職稱，如果名片上有你不瞭解的部分，此時更應該提出，這是一個創造話題，同時能夠表現出尊重的行為。

有個人在一家中型保險公司任職了三年，擔任保險商品的開發企劃工作。她除了一邊準備考美國保險精算師證照，也一邊尋求到大型保險公司的發展機會。

有一家大型保險公司正在招募人才，她將履歷寄給對方後，就收到面試邀請函，但由於面試通知只有告知日期、時間與地點，而且日期就是隔天，所以她只能很匆忙地跟公司請了假，去參加隔天的面試。

因為她不知道面試主管的姓名，所以面試當天，當主管走入會議室跟她打招呼時，她就將名片遞給對方，而主管也大方地把自己的名片給她。

此時她看到這個主管的頭銜不但是部門主管，更是美國保險精算師，她就開心地說：「美國保險精算師很難考呢！我現在正為這件事情傷腦筋，您當時是怎麼一邊工作一邊準備的呢？」這個主管一聽也相當得意，就開始跟她分享心得。

因為主管聊得很盡興，所以這個話題講完後，只很快地介紹了一下工作內容，隨即邀請她加入團隊，更主動說未來會協助她取得證照。

一旦你有了名片，就能夠大概瞭解對方在企業中的身分地位，這時就能夠選擇適當的話題，來與面試主管溝通交流，把自己最好的一面展現出來。所以你要能夠妥善且有禮貌地利用名片上的資訊，提出跟工作相關的問題，讓對方對你留下深刻的印象。

83

面試問題應採用自己的方式與邏輯來回答

面試的回答，應該是來自於自己人生的體驗，及過往的經驗，而不是旁人的答案。沒有必要去看一堆面試書籍，而是用自己的感受來敘述自己的答案。

每當畢業季一到，就有許多年輕人準備步入職場，而用心認真的人，就會為人生的第一個面試，開始做各式各樣的準備。

除了要瞭解目標企業外，有一些知名的企業，也喜歡用一些千奇百怪的問題來測試人選，所以有相當多的人會上網尋找各式各樣的面試問題與解答，或是去翻閱人資專家所出版的面試書籍。

許多書除了提供企業主管常見問題外，更提供所謂的教戰手冊，教導你如果遇到某些較為棘手的面試問題時，要如何去回答。對於比較有經驗的人而言，當然會加以參考後，再去構思自己的答案。

然而，在每個人都取得一模一樣的資料後，就會出現一個顯而易見的問題，那就是他們面試時，對於特定的問題都給予同樣或類似的答案，尤其在一些考驗邏輯思考的問題上更是明顯。

就是因為每個人看的都是那幾本面試書籍或是網路資料，在內容大同小異的狀況下，就使得這些人的答案變得相當制式。一旦在面試時被有經驗的主管聽到，當然就知道這是背來的答案，而直接遭到淘汰。

有個成績優秀的學生剛畢業，就開始積極地投遞履歷，而她的努力也得到了回報：一家她心儀已久的外商企業，邀請她參加面試。因為該企業只要全國最頂尖的人才，所以她得知系上約十名成績最好的學生，也同樣得到邀約。

由於面試時間是一星期後，為了有機會進入這一家企業，她開始上網搜尋關於這家企業面試的資料，特別是對方會問的問題，也找到許多在這家企業工作過的人，所提出的建議答案。

她也充分利用時間，去拜訪目前在這家企業工作的學長姊，詢問他們面試會問哪些問題。由於她將面試問題蒐集得相當充分，所以面試當天，當主管提問時，她自認回答得相當有自信，結束後也對自己的表現感到滿意，覺得要進這家外商應該十拿九穩。

不久後她就收到通知，沒想到卻落選了，事後她詢問人資為何如此，人資才跟她說，公司要找的是能夠當下構思自己答案，展現出自己邏輯思考方式的人，就算有錯也沒關係。她的答案雖然都正確，但很顯然都是事先準備過的，無法展現出她真正的特質與潛力，所以最終沒有選她。

面試的目的在於認識真實生活中的你，看你在面對問題時，會有什麼樣的反應與見解。如果面試答案是刻意準備過的，其實很容易被對方識破。

當企業同時面試好幾個人選時，能夠在主管心目中留下深刻印象的人，往往就是那個能夠跳脫制式答案，提出與眾不同見解的人，這也是企業分辨一流人才與一般人才差別的方式。

84

面試的問與答，永遠以企業的利益為出發點

面試時所提出的問題與回答，不應只以個人的利益為考量，而應該以企業的角度，讓企業理解自己要如何成長，並如何為企業創造價值。

面談能夠增進對職務的認識，而你在過程中，更應該要主動提問，讓面試主管回答。許多人提出的問題，大都是針對是否需要出差、工作時間或福利等，比較關係到個人利益的問題。

當然詢問這些問題並沒有離題，畢竟要瞭解工作內容及職務的權限範圍後，才能夠審慎評估自己是否有能力，且有意願去接受這份工作。

但當你被企業問到未來的自我規劃時，企業想聽到的是你在他們公司內部的「職涯規劃」，而不是你個人的「生涯規劃」。所以如果跟企業說，你計畫未來要出國讀碩士，那除非是相當大器的企業，不然應該當下都會想跟你說「謝謝再聯絡」。

你如果能夠站在企業的立場，提出有深度、且關係到企業利益的問題，那才會有加分的效果。比如說，你可以詢問這個職位如果到任後，立即需要處理的問題有哪些？這樣你就能夠瞭解與評估自己對於將會面對的挑戰，是否有信心且能夠勝任。

除了這樣的問題，你可以更進一步地詢問，一旦你將目前的問題解決後，接踵而至的中期挑戰，乃至於未來更為長遠的潛在性挑戰有哪些。這樣的問題，能夠讓面試主管瞭解到，你在乎的不是拿多少薪水，而是能夠為企業解決多少問題，創造多少實際的價值。尤其如果你是準備應徵高階主管的人，提出這樣的問題，更能凸顯你與他人的不同。

有個求職者在一家電信公司任職，擔任企業客戶推廣的資深專員，他知道我們在為另一家電信公司尋找一位主管，便決定嘗試應徵這個職缺。

由於這家公司的職缺競爭都相當激烈，為了讓他得到這個機會，我們建議他除了在履歷中展現出他的企業客戶人脈外，之後在面試時，也要以企業的利益需求來提出問題。

該公司看到他的履歷後，瞭解到他認識許多企業客戶，就邀請他去面試。在面試過程中，主管除了瞭解他的經驗與人脈外，也大概介紹了這個職缺的內容，最後在結束前，也按照慣例問了他是否有其他問題。

於是他詢問主管，關於這個職位，公司在找什麼樣的人？公司對這個人有什麼樣的期待？有哪一部分的職務是公司最重視的？還有未來公司想要專注發展哪個業務方向？

主管聽到這些問題後，覺得他是一個有想法且目標明確的人，本來要結束面試，又花了一個多小時與他討論，當然最後他就得到這個工作了。

每個面試問題的問與答，永遠以企業與面試主管所關切的話題為出發點，而不要僅僅詢問自身的利益，只要能夠做到這點，不但能夠讓自己更充分地瞭解職務，更能夠在面試時留下極佳的印象。

85

—

離職理由的解讀有正反兩面，最好還是坦承交代

面試時闡述自己的離職原因，還是應該以自己當時的實際狀況來解釋，如果提供的原因與實情不符，反而容易造成企業對自己職涯目標的誤解。

為了能夠合理化自己的離職原因，許多人往往會想盡辦法，編織許多冠冕堂皇的離職理由。而其中有許多原因，在瞭解事實的真相後，就會令人覺得有些矛盾。

比如說，你的理由是因為工作需要外派到國外，因為自己沒有意願，只好選擇離開。但事實上，企業在決定外派人選時，往往都會考慮到此人接受的可能性，更會有備用人選的規劃。即使你沒有意願，只要是人才，公司當然還是會給你其他的機會，所以只有不受公司重視的人，才會因為這樣的原因而離開。

另外，如果你說「在這個工作上，已經沒有學習的機會」，聽起來雖然像是一個積極正面的理由，但如果事實上你在一個快速成長或變動迅速的企業中工作，對於企業來說，這就有可能是缺乏學習能力與動機的負面理由。

當然，也常聽到有人會說「老闆所賦予的任務或專案終於完成，而一切都已經步上軌道，人員都建置完畢，所以自己可以安心離開」。這樣的理由，事實上也會令人覺得有些牽強。如果你幫公司立下如此大功，相信公司與老闆通常會有適當的安排，除非是理念不合，不然根本沒有立即離開的理由。

有的人也會以較為負面的原因，比如說公司的政策一直在變，讓自己無法適從，這也往往代表著抗壓性不足，無法適應新的文化。

有個人在加入公司後，就因為表現出色，而被指定成為公司未來重點培養的人才。而要晉升為資深主管，按照公司規定都需要外派至少三年，對此他並不排斥，但希望外派到歐美國家。在公司待了五年後，終於輪到他與另外一個同事，爭取外派紐約分公司的機會。

由於該同事也相當優秀，又有家人剛好住在紐約，所以公司就把這個機會給了他的同事。同時間，越南分公司有空缺，所以公司希望他能夠考慮，但他覺得沒有得到公司的重視，與主管吵了幾次後，就負氣離職。

後來他將履歷寄給公司的競爭對手，競爭對手對他的履歷當然有興趣，但也好奇他明明就發展得不錯，為何要離開呢？

結果他卻跟面試企業說，因為公司沒有給他適當的學習機會。對此面試企業做了一些調查，查知公司不是沒有給他機會，而且他還在過程中與公司發生了爭執，與主管和同事之間都造成了摩擦。知道事實的真相後，這家企業覺得他不夠坦承，個性也相對衝動，最後就沒有讓他加入。

不管你的說辭為何，一旦進入到最後的考察階段時，不管是企業或是獵人頭公司，都有可能會以不同的管道，去瞭解你所講的是否屬實，所以面試時還是坦承交代真正的理由，才能夠得到企業的理解與信任。

86

—

面試後可以追蹤進度，但別造成企業困擾

記得詢問企業面談後續的流程與時間表，確保自己能夠掌握進度，但不要讓面試主管感受到壓迫感，只有專業且沉穩的人選，才能夠得到好的評價。

面試完後，只要是在過程中談得還算順利的人，往往都會對結果有所期待，而如果企業卻只是跟你說，「後續一有消息，會再盡快通知你」這樣的話時，相信只要是對這份工作感興趣的人，都會在等待的過程中感到焦慮。有的人會想要主動打電話給企業，詢問面試的結果，但又擔心讓企業覺得自己太過於急躁，留下不佳的印象。

一般企業主管在面試即將結束前，應該都會主動跟你說接下來的流程與安排。但要是他們忘了提起，而你又是較為積極的人，那不如在面試時就主動詢問主管，是否能夠在一個禮拜後與招募窗口聯繫，且你更要記得如果提出這樣的要求時，就一定要付諸行動，讓企業知道你是認真的。

就算你要採取主動，也千萬不要忘了禮貌，尤其是不要讓面試主管覺得你會緊迫盯人地追著他跑。因為臉書的普及，現在有的人一旦取得面試主管的名片後，就會想要加對方為好友。

除非你跟對方在面談過程中，真的有惺惺相惜的感覺，且你提出這樣的要求，主管也樂於接受，不然這樣有點半強迫的「邀請好友」行為，對於大多數面試主管來說，往往過於激進，很容易造成負面的觀感。

有個人在面談過程中跟主管談得相當愉快，由於他對這份工作也相當感興趣，所以在面談即將結束前，就詢問主管大概何時會知道結果，而主管也老實地跟他說，公司需要再面試幾個人選後才能夠做決定，大概還需要兩個禮拜。

他知道除了自己還有其他的人選，所以想要更積極地爭取這個機會，覺得最好與面試主管們建立更深層的關係，所以他就在臉書上搜尋，找到與他面試的主管帳號，並寄出加入好友的邀請通知。

雖然主管有跟他說大約需要再兩個禮拜，才可能會公布結果，但他才過了三天就打電話過去詢問，接著一個禮拜後又再次去電詢問，這讓人資與主管同時都感覺到莫名的壓力。

企業本來要從他與另一名人選中做出選擇，但另外一個人選面談結束後，相當沉得住氣地等待消息，所以最終企業將這份工作給了另一個人選。

所以建議你尊重企業的面試結果公布時間，如果企業沒有主動跟你說需要多久時間，通常差不多過了兩個禮拜，沒有聽到任何回音，就要有接到壞消息的心理準備。

重要的是你在面談完後，一定要記得和面試主管保持適當距離，不要透過臉書進入對方的私人領域，公私一定要分明，表現出專業的處理方式，才能夠在企業主管心中留下好的印象。

87

求職期間請注意自己使用的手機來電答鈴

自己的手機如果有使用來電答鈴，一旦開始寄履歷給企業後，就要注意來電答鈴的選擇，而最安全的做法，就是暫時將手機的來電答鈴功能取消。

手機是現在每個人求職必備的聯絡工具，但因為平時是在日常生活中與親朋好友聯繫，所以有許多手機上的設定，是比較私人且相當個性化的，但就是因為如此，如果你要留手機讓企業聯繫你，就要更為注意。

許多人喜歡為自己的手機設定來電答鈴，而來電答鈴往往有兩種，一種是音樂答鈴，另一種是自錄答鈴。當然這都是個人喜好，不管使用哪一種，如果你準備要轉換跑道，開始投遞履歷後，建議你將答鈴暫時取消，等找到新工作後再恢復。

我會如此建議，是因為每個人對來電答鈴都有不同的反應。事實上你所選擇的來電答鈴，也間接地反映出你的個性，甚至你的成熟度。

有時打電話給別人，電話一接通後，就是一段當紅流行歌曲，或是一段詼諧俏皮的自錄答鈴，讓人聽完後不禁莞爾，這也使我還沒跟對方講到話，就不由自主地對他產生某些看法。

可想而知，不論是企業或獵人頭公司打電話給求職者時，都期待聽到一個充滿自信和專業的聲音，但在那之前若聽到答鈴，而對此人的答鈴感到不舒服，就會立即對這個人的評價有所貶抑。

曾經有一個人在我們的安排下，得到一個與外商公司面試的機會。因為他的學經歷相當不錯，又曾在國外留學，英文也相當流利，所以在第一關與人資主管面試，以及第二關與部門主管面試都相當順利。

到了第三關，企業安排由總部的外籍主管與他面試，由於外籍主管人在美國，所以是一個越洋電話面試，人資就向我們要他的手機聯繫方式，再請外籍主管跟他聯絡。除了他之外，當天主管也跟另外兩位人選電話面試。

面試後，很遺憾地，他被淘汰了，對此他感到相當納悶，因為當天他回答主管問題時感覺相當不錯，也都有充分地表達，對於失去這個機會，他非常想要瞭解原因。

我們向人資詢問過後，才知道主管撥打他的手機，接通後就不禁把話機拿開耳朵，因為他的手機來電答鈴是一段相當大聲的重金屬音樂。而打給另外兩位人選時，除了沒有遇到手機來電答鈴的問題外，現場的面試回答也相當出色，於是他就被淘汰掉了。

事實上，有許多企業人資與獵人頭顧問，往往都是先使用電話面試的方式，在第一階段與人選交流。如果彼此都還沒來得及講到話，就被不喜歡的手機答鈴影響到觀感，那真的太可惜了。

所以，與其使用爭議性高的答鈴，在求職期間最好不要設定來電答鈴，避免造成沒有必要的錯誤印象，影響到你的求職機會。

88

—

要爭取好薪資，先要瞭解自己所能創造的價值

與企業討論薪資，除了以本身的薪資條件為依據外，更要瞭解產業的平均水準，及自己所能為企業創造的價值，才能夠得到一個公平且滿意的數字。

要談好薪資條件，首先要做好企業在第一次面試，就會問你期待薪資的心理準備。與其到處查詢平均薪資的資料，倒不如平時就與獵人頭公司或同產業的人士交流，才會有比較可信賴的數據。

許多人總是希望等企業開價，再說自己的期待薪資，但其實你如果做過功課，就不用怕先主動出價，只要是合理且符合企業預算的，你就有機會能夠讓企業依照你的開價來討論。

該注意的是，當企業要求你先開價時，如果你只是提出一個薪資範圍，那有可能就是拿到範圍裡的最低薪，所以你一定要小心地選擇薪資範圍，就算是最低薪也要能夠讓你滿意。

同時也建議你不要採用籠統的整數，如月薪五萬元左右，而是以更精確的數字如月薪四萬八千元來討論，如果你能夠提出一個精準的數字，代表著你事先有做過詳細的研究，所以數字更具備說服力。

當然，目前你的薪資是最基本的門檻，如果要轉換工作，最重要的就是要清楚自己所能創造的價值。因為你所能帶給企業的實際價值，在薪資談判時是最有力的證明，但往往也被求職者所忽略。

更佳的做法應該是要去面試前，就先把自己歷年來所創造出的成績，包括相關的數據及業績成長的幅度等，有系統、有條理地整理出來。與企業談判時，重點應擺在自己為公司所創造的利益，以數據來佐證自己要求的合理性。

有個專業經理人去一家企業面試業務副總的職缺，總經理跟他談完後，就對他表示公司有意願錄取他，並提出一個薪資數字。對方所提出的薪資雖比他目前來得好，但也只有一〇%的漲幅，與他的目標有一些差距。

他雖然對這份工作感興趣，但覺得薪資條件如果沒有明顯比現在好，就無法說服自己跳槽到這家公司，所以他詢問總經理在薪資上是否有討論的空間。

對此總經理並沒有意見，也希望他思考一下，隔天再來討論。所以他來找我們商量，我們將他們公司的薪資標準與業界標準做了一個比較，就發現他們公司的薪資屬於業界後段班，所以用他目前的薪資來作為加薪標準，明顯較為吃虧。

於是我們建議他以業界前段班的標準薪資，及自己過去為公司所創造的業績來證明自己的價值，結果隔天與對方討論後，公司最後答應用更高的業務獎金激勵他，讓他有機會拿到超過七五%漲幅的薪資條件。

談薪水最忌諱說「按照公司規定」，因為除了比較後端或初階的工作，絕大部分的職位，尤其是前端面對客戶的工作，薪資都有一定的彈性，只要合理，就應該積極地爭取。

89
—

注重企業隱私，不要在網路上發表面試細節

企業注重且保護面試者的隱私，特別是面試的方式、過程與結果，有時甚至會簽署保密協議，所以求職者參加任何面試，同樣應該尊重企業，不要對外洩密。

社群網站的普及，代表每個人都能夠輕易地擁有自己的發言管道，與大眾分享自己的心情與想法。這使得臉書或大學的校園網路論壇等，成為許多人得到各家企業求才面試資訊所仰賴的訊息平台。

因為如此，有些年輕人，特別是剛步入社會的大學生，一旦到企業面試後，就會想將自己的面談經驗與大家分享，而這些內容也會在網路論壇上轉載，使得一些企業不對外公開的機密被洩漏出去。

對於一些企業來說，如果你把面試過程與問題放在網路上，就等同是在洩漏考題，有些人甚至會在網路上批評面試主管，這更會有損個人與企業形象。對於這樣的人，不單單是被影響到的企業，包括有看到發言的其他企業，都會對此人產生戒心，而將他列入面試黑名單中。

所以，現在也有一些企業會在與人選面試前，要求簽署保密協定，其中會清楚地闡明消息外洩的懲處，希望面試者能夠自我約束。你可能會覺得在網路上分享心得，乃是天經地義、再自然不過的一件事，但如果這牽涉到企業的智慧財產權與隱私，就不是一件單純的事了。一旦你這樣做而洩漏公司的機密，企業如果察覺，輕者永不錄用，嚴重者如有發言不實或誹謗的狀況，企業更可能會採取法律行動。

如果你只是想利用網路平台，發表一些能夠讓自己得到關注的文章，這樣的想法就太天真了。凡走過必留下痕跡，一旦你留下不當發言被人察覺，後續將會對你在職場的發展有所影響。

有個即將畢業的大學生去應徵一份工作，因為這是一間人人都想要進入的企業，所以他緊張了好幾天，花了相當多的時間準備面試。面試當天談得相當順利，主管也當場跟他說，三天內會將錄取通知寄給他，他聽了終於放下心來，所以回家後就上臉書與同學分享，順便乘機炫耀一下。

許多朋友都恭喜他，而有些人還在等同一家公司的面試，所以就開始問他面試的細節，他也相當熱心，乾脆直接在臉書上詳細地分享面試的流程，並鉅細靡遺地列出所有的面試問題。

他在臉書上的貼文，得到學校同學們的關注，給他按了相當多的「讚」，讓他覺得相當得意，很高興自己能夠幫助到同學。但他的這些貼文，最後卻被轉貼到這間公司的面試主管那裡。

主管看到後相當生氣，認為他外洩公司的面試機密，所以立即請人資部門通知他撤掉貼文，而他的錄取通知當然也就被取消了。

就算你是一個熱情大方、愛好與他人分享的人，也要記得尊重企業，也就是你未來老闆的感受，所以求職期間發言要更謹慎，才不會出差錯。

90
—

收到未錄取消息，並不一定代表出局

收到未錄取通知不是世界末日，也並不一定代表這個職缺已經遠離自己而去。重要的是自己要重振旗鼓並積極面對，只要處理得宜，永遠會有新的機會。

不管你的條件再好，也不代表你永遠是職場上的常勝軍。所以當你在經過層層面試後，滿心期待著收到錄取通知，但最後卻收到了一封感謝函時，可以想像是多麼失望。而幾乎所有的人，在看到或收到這樣的通知後，也不知道能做什麼或說什麼，只能默默地接受了。

但要是你如此消極地去面對失望，那就相當可惜了。人生不管做什麼都不該輕言放棄，求職更是如此。如果這是你真正想要的工作、心目中真正的理想企業，那怎麼可以這樣輕易就讓機會溜走呢？

遇到這樣令人失望的結果時，首先最重要的就是先讓自己沉澱下來，事實既然已經發生，就要表現出大器與感激的態度，讓面試的企業主管知道。

此時你最好寫封感謝函，甚至寄一張卡片給面試主管，讓他們知道自己對這次的機會相當珍惜，雖然結果可能不如預期，但衷心感謝他們給的時間，與在面試時的指教與分享，甚至附上一份對公司有幫助的報告。

最後就是關鍵所在：釋出善意，讓主管知道未來如果有另一個合適的機會時，你同樣會有意願爭取。口氣當然不要讓人覺得是死纏爛打，而是精簡且有禮貌地傳達這些訊息。

只要措辭得當，加上在面試時已經留下相當好的印象，如果未來真的有新的職缺，企業主管多半會再次給你這個機會。因為已經在面試中對此人有一致的好評，所以一旦有新空缺出現時，就不會想再浪費時間，重新面試一群人選。

有個人應徵一家公司的經理職缺，她在一個月內與六個不同的主管面試，因為是她相當感興趣的公司與職務，所以也特別花了相當多的心力準備。在層層面試後，主管們也都對她相當欣賞，最後面試完後，也不諱言地跟她透露只剩兩個人選，就是她與另一個人，而一個禮拜後就會有答案。

一個禮拜後，她終於收到人資的通知，但卻是落選的消息，這也讓她感到相當失望，但因為在過程中與每個主管都聊得相當愉快，所以她決定寄張卡片給每個人，讓他們知道自己相當感激他們花的時間，同時表達自己未來仍希望有機會一起共事。

主管們收到後，對她留下更為深刻的印象。而原先所選擇的人選，卻在到職不久後，就因為私人原因而向公司提出辭呈。本來人資準備立即重啟招募作業，但此時主管們想起她當時面試的表現，便請人資再次詢問她是否仍有意願。也因為如此，她失而復得一個她想要的工作機會。

所以，收到未錄取的通知時，沒有必要徹底失望，而是要更積極地回應企業。只要面試時有好表現，加上良好的企圖心，說不定就會有第二次的可能。

後記

在即將完成這本書的某天，我受邀參加一家上市公司的內部會議，與董事會討論企業接班人的問題及人力資源的規劃，而老闆也趁這個機會跟我訴苦：「市場上真的有人才嗎？人才到底都到哪裡去了？根據我們公司未來三年的規劃，目前還需要上千位員工加入，但找了老半天都沒有適用的人才，履歷都讓人看不下去，你說怎麼辦？」

接著，人資主管就開始熱烈分享一堆來應徵者的問題，比如履歷隨便寫，來面試卻不知道自己申請什麼職位，有人一邊面試一邊偷瞄手機訊息，好不容易終於有個像樣的人才，薪水卻是隨便喊……聽著聽著，我的心情也不禁鬱悶了起來。

好不容易等到會議結束回到公司，都還沒來得及喝口水，手機就響了，接起來才剛應聲說「喂」，對方就劈哩啪啦一陣連珠砲似地說：「嗨！我朋友介紹您的大名給我，我最近剛從國外回來，從美國加州某大學碩士畢業，想知道你們公司有沒有辦法幫我找合適的外商職缺，有的話再Call我。履歷我立刻寄給您，先這樣！」

等我回過神來，對方已經掛了電話，隨後收到的郵件除了一個簡歷附件外，內文只寫下一句話：「Remember to call me! Thanks!」，用字精簡不拖泥帶水，真是標準的洋派作風，信中連自我介紹及署名都完全省略了。

接了這通電話，再看到這位從國外回來的人才所寄的這封郵件，不禁讓我陷入沉思，回想起稍早那位老闆的心聲與感嘆：「人才都找不到，究竟跑到哪裡去了？」

我的工作讓我得以一窺許多知名企業的人才需求與規劃，同時又可以與許多優秀的人才與專業經理人交流，所以每當企業老闆詢問我這個問題時，我都會很堅定地跟他們說：「人才都在你周遭，只是你有沒有用對方法與資源尋找而已。」

相對地，眾多求職者很喜歡問我：「工作機會究竟跑到哪裡去了？」不管他們是誰，來自什麼樣的專業背景與年齡層，我都會對他們說：「工作機會一直都在你周遭，只是你有沒有採用對的方法與正確的態度去追求而已。」

我想要提醒你，就算只是一份看似平凡無奇的履歷，它也代表著你人生的縮影。透過裡面的內容與給人的感覺，一個有經驗與專業素養的企業人資，可以在尚未見到你之前，就對你做出八九不離十的評價。

只要透過一份履歷，我就能猜測出對方一路走來是否知道自己的目標、大概的性格、做事的態度、最感到驕傲的人生階段、是否能從挫折中學習等。可想而知，把一份對的履歷交付給企業有多麼重要。

不僅僅是我，相信也有其他人資專家跟我一樣，在收到履歷的當下，就能夠迅速地判定一位應徵者，是否值得他們花時間回覆聯繫，並確保將他安排與主管和老闆面試時，不會遭到他們的責難，浪費他們寶貴的時間。

面對夢寐以求的工作機會，就算你的工作經歷很適合，也有可能在寄出履歷後仍不得其門而入。除了方法有問題外，更有可能是因為一開始的態度就錯了。我深信，你在求職過程中展現出來的態度，會充分反映你的為人，而就是這個做人做事的方式，決定了你求職的結果！

之所以會這樣說，就是因為多年來我看過不知道多少次，眼前這個求職者明明就不是這個企業職缺最好的人選，有時甚至不太符合，但就是因為這個求職者令人欣賞的個性與態度，使他最終得到這個機會。讓那些原本在專業上更適合這個職缺的優秀人才，只能乾瞪眼。

在求職市場上，不諱言有時的確需要一點運氣，但求職總不能永遠靠運氣。除了實力外，更要緊的是學習態度與做人，如果平時不夠努力累積能力與人脈，再好的機會上門，也會與你擦身而過。

雖然這是一本談求職祕訣的書，但我希望讀完這本書的人，能夠不僅僅只是成為一個優秀的求職者，更能成為關心他人感受的人。只要能夠跳脫出你目光所及的框架，凡事也從另一方的角度去思考，你就會瞭解企業到底需要什麼樣的人才，而你又要如何運用技巧爭取這個機會。

環顧周遭，你會發現絕大多數在職場上受到推崇的人，都具備許多共通的個人特質。我認識許多一流的專業經理人，愈高階、愈頂尖的人，身段往往也更柔軟，做人更親切謙卑，待人接物更重禮數，協助他人總是不求回報。就是因為這樣，在他們需要幫忙時，總是會有貴人出現，在求職市場上也總是炙手可熱。他們會成功，真的毫不令人意外。

我期待未來能夠聽到，你利用這本書除了成功求職外，更成為一位令人敬仰的專業人士。最後，我也要再次鼓勵你，不管你目前是什麼年紀與身分，求職市場上永遠都存在著屬於你的機會，永遠都會有你的一席之地。只要你提起勇氣，用心、努力地用正確的方式與態度去爭取，那份工作就會是你的了！看完這本書，就立即採取行動吧！

國家圖書館出版品預行編目資料

求職聖經 / 楊士漢著. -- 初版. -- 臺北市 : 商周出版 : 家庭傳媒城邦分公司發行, 2014.11

面； 公分. --（新商業周刊叢書 ; BW0549）

ISBN 978-986-272-678-5（平裝）

1. 就業 2. 面試 3. 職場成功法

542.77 103019964

新商業周刊叢書 BW0549

求職聖經

作 者／楊士漢
編輯協力／黃鈺雯
責任編輯／鄭凱達
企畫選書／鄭凱達
校 對／吳淑芳
版 權／黃淑敏
行銷業務／周佑潔、張倚禎

總 編 輯／陳美靜
總 經 理／彭之琬
發 行 人／何飛鵬
法律顧問／台英國際商務法律事務所 羅明通律師
出 版／商周出版 城邦文化事業股份有限公司
台北市104民生東路二段141號9樓
電話：(02) 25007008 傳真：(02)25007759
E-mail：bwp.service@cite.com.tw
發 行／英屬蓋曼群島商家庭傳媒股份有限公司 城邦分公司
台北市中山區民生東路二段141號2樓
電話：(02)2500-0888 傳真：(02)2500-1938
讀者服務專線：0800-020-299 24小時傳真服務：(02)2517-0999
讀者服務信箱：service@readingclub.com.tw
劃撥帳號：19833503
戶名：英屬蓋曼群島商家庭傳媒股份有限公司城邦分公司
香港發行所／城邦（香港）出版集團有限公司
香港灣仔駱克道193號東超商業中心1樓
電話：(825)2508-6231 傳真：(852)2578-9337
E-mail：hkcite@biznetvigator.com
馬新發行所／城邦（馬新）出版集團【Cite (M) Sdn Bhd】
Cite (M) Sdn Bhd
41, Jalan Radin Anum, Bandar Baru Sri Petaling,
57000 Kuala Lumpur, Malaysia.
電話：(603)9057-8822 傳真：(603)9057-6622 email: cite@cite.com.my

封面設計／我我設計工作室 內頁設計／三人制創 內頁排版／唯翔工作室
印 刷／鴻霖印刷傳媒股份有限公司
總 經 銷／高見文化行銷股份有限公司 新北市樹林區佳園路二段70-1號
電話：(02)2668-9005 傳真：(02)2668-9790 客服專線：0800-055-365

■ 2014年11月11日初版1刷
定價／370元

 ISBN: 978-986-272-678-5

Printed in Taiwan

城邦讀書花園
www.cite.com.tw

廣 告 回 函
北區郵政管理登記證
北臺字第10158號
郵資已付，免貼郵票

104　台北市民生東路二段141號2樓

英屬蓋曼群島商家庭傳媒股份有限公司城邦分公司　收

請沿虛線對摺，謝謝！

書號：BW0549　　書名：求職聖經

請於此處用膠水黏貼

商周出版

讀者回函卡

感謝您購買我們出版的書籍！請費心填寫此回函卡，我們將不定期寄上城邦集團最新的出版訊息。

不定期好禮相贈！
立即加入：商周出版
Facebook 粉絲團

姓名：＿＿＿＿＿＿＿＿＿＿ 性別：☐男 ☐女

生日：西元＿＿＿＿年＿＿＿＿月＿＿＿＿日

地址：＿＿＿＿＿＿＿＿＿＿

聯絡電話：＿＿＿＿＿＿＿＿ 傳真：＿＿＿＿＿＿＿＿

E-mail：

學歷：☐ 1. 小學 ☐ 2. 國中 ☐ 3. 高中 ☐ 4. 大學 ☐ 5. 研究所以上

職業：☐ 1. 學生 ☐ 2. 軍公教 ☐ 3. 服務 ☐ 4. 金融 ☐ 5. 製造 ☐ 6. 資訊
☐ 7. 傳播 ☐ 8. 自由業 ☐ 9. 農漁牧 ☐ 10. 家管 ☐ 11. 退休
☐ 12. 其他＿＿＿＿＿＿＿＿

您從何種方式得知本書消息？

☐ 1. 書店 ☐ 2. 網路 ☐ 3. 報紙 ☐ 4. 雜誌 ☐ 5. 廣播 ☐ 6. 電視
☐ 7. 親友推薦 ☐ 8. 其他＿＿＿＿＿＿＿＿

您通常以何種方式購書？

☐ 1. 書店 ☐ 2. 網路 ☐ 3. 傳真訂購 ☐ 4. 郵局劃撥 ☐ 5. 其他＿＿＿＿

您喜歡閱讀那些類別的書籍？

☐ 1. 財經商業 ☐ 2. 自然科學 ☐ 3. 歷史 ☐ 4. 法律 ☐ 5. 文學
☐ 6. 休閒旅遊 ☐ 7. 小說 ☐ 8. 人物傳記 ☐ 9. 生活、勵志 ☐ 10. 其他

對我們的建議：＿＿＿＿＿＿＿＿＿＿

請於此處用膠水黏貼